JN018138

逆・タイムマシン経営論

近過去の歴史に学ぶ経営知

楠木 建　　杉浦 泰
一橋ビジネススクール特任教授　　社史研究家

日経BP

「逆・タイムマシン経営論」とは何か

　本書の狙いは「**逆・タイムマシン経営論**」という知的鍛錬の新しい「作法」を提示することにあります。複雑に変化していくビジネスの背後にある本質的な論理を見抜き、経営センスと大局観を体得する。そこに逆・タイムマシン経営論の目的があります。必要となるのは新聞や雑誌の過去記事だけ。たいしたコストはかかりません。ほとんどの人がその効果を知らないだけで、その気になればすぐに実行できる「思考の型」です。

　「**タイムマシン経営**」という言葉があります。「未来は偏在している」という前提で、すでに「未来」を実現している国や地域（例えばアメリカのシリコンバレー）に注目する。そこで萌芽している技術や経営手法を先取りし、それを日本に持ってくることによってアービトラージを取るという戦略です。実践者としてはソフトバンクグループの孫正義会長が有名です。

　逆・タイムマシン経営論はこの逆です。**タイムマシン経営の論理を反転させる**ことによってはじめて見えてくる視点や知見がある。これが逆・タイムマシン経営論の発想です。

　私たちは毎日膨大な情報を目にします。新聞、雑誌、テレビ、オンラインのニュース記事、ありとあらゆるメディアがビジネスに関わる情報──新しい技術や製品、政治経済の環境変化、最新のビジネスモデルや経営手法、さまざまな企業の動向、その成功や失敗──を日々大量に発信し、それがたちどころにSNSで拡散されます。テクノロジーでいえば「AI（人工知能）」、経営施策でいえば「DX（デジタルトランスフォーメーション）」、ビジネスモデルでいえば「サブスクリプション」、いつの時代もこうしたバズワード（流行り言葉）が飛び交います。

　こうした先端的な事象についての情報はもちろん意味があるのですが、しかし、旬の言説には必ずと言っていいほどその時代のステレオタイプ的なものの見方に侵されています。情報の受け手の思考や判断にもバイ

アスがかかり、現実の仕事においてしばしば意思決定を狂わせる──本書の関心は「**同時代性の罠**」にあります。

　どうすれば同時代性の罠から抜けられるのか。タイムマシンに乗って過去に遡るに若くはなし、というのがわれわれの見解です。何も戦国時代に立ち返れという話ではありません。高度成長期前後から2010年代までの「近過去」に遡って、当時のメディアの言説を振り返ると、さまざまな再発見があります。同時代のノイズがきれいさっぱり洗い流されて、本質的な論理が姿を現します。

　要するに、「**新聞・雑誌は寝かせて読め**」。ほとんどの人が古新聞や古雑誌を無価値なコンテンツとして放置していますが、実はこれが格好の経営知の教材となります。「歴史に学べ」というと、歴史書を読むというのが普通です。これはこれで勉強になります。しかし、誰かが考察をした歴史書ではなく、「史料」に直接当たるのが逆タイムマシン経営論のスタイルです。近過去であれば、メディアの記事がそのまま「一次史料」となります。過去記事アーカイブはインターネットで容易に手に入ります。古文書を渉猟する必要はありません。しかも、活字になった現代文で読むことができます。

　近過去に遡り、その時点でどのような情報や言説がどのように受け止められ、どのような思考と行動を引き起こしたのか。近過去を振り返って吟味すれば、本質を見抜くセンスと大局観が錬成され、自らの仕事にも大いに役立ちます。すなわち「バック・トゥ・ザ・フューチャー」、ここに逆・タイムマシン経営論の眼目があります。

その典型

　同時代性の罠の典型例に「400万台クラブ」があります。前世紀末の自動車業界で巻き起こったバズワードです。きっかけは、1998年に独ダイムラーベンツが米クライスラーを買収して、「ダイムラークライスラー」という欧米連合が誕生したことでした。フルラインナップをそろ

え、増大する研究開発費を負担するためには、このくらいの規模が必要だという言説が広まり、「年間400万台生産しない自動車メーカーは淘汰される」という「法則」が喧伝されました。

　実際に自動車業界はM&Aに前のめりになりました。当時、販売台数で世界1位はGM（816万台）、2位はフォード（680万台）でしたが、両者ともさらに規模を大きくしようと積極的なM&Aに乗り出しています。1999年にフォードの最高経営責任者（CEO）に就任したジャック・ナッサーはいきなりボルボの乗用車部門を買収しました。従来からのリンカーン、すでに買収していたアストンマーティンとジャガーの4ブランドでプレミア・オートモーティブ・グループ（PAG）という事業部門を創設します。さらに2000年にはBMWからランドローバー事業を買収し、PAGに加えています。

　GMもスズキといすゞ自動車への出資比率を引き上げました。いすゞとディーゼルエンジンやトラック分野で歩調を揃え、スズキの技術で超小型車を開発し、中国やタイなどの発展途上国で新しい需要を切り開いていくという目論見でした。

　BMWとフォルクスワーゲンはロールスロイスの買収をめぐって激しい競争を繰り広げました。世界最高級ブランドを手中に収めるため、両社は買収金額の上乗せを繰り返しましたが、結局はBMWがロールスロイス、フォルクスワーゲンがベントレーを手に入れるという「痛み分け」で決着しています。超高級車ブランドをめぐる派手な応酬は業界再編の機運をさらに高めました。

　日本で焦点となっていたのは、2兆円もの有利子負債を抱えて窮地に陥っていた日産の動向です。1999年に日産はルノーとの資本提携を発表し、ルノーのカルロス・ゴーン副社長がCEOとして送り込まれました。

　当時の日経ビジネスは「400万台クラブ」をめぐる熱狂を特集記事で伝えています。

　　いつ何が起きるかわからないという意味で自動車産業は今、火山の中にいるようなものだ。世界的な自動車再編が勃発したのは、自

（出所：日経ビジネス1999年04月19日号「特集・世紀末自動車ウォーズ　巨大再編へ風雲急」）

動車が供給過剰になっているからだ。しかも、電気自動車など新技術の開発に莫大な投資が必要になっている。そして、国と国の壁が取り払われ、市場が1つに統合された。こういった事態が一斉に起きたため、生き残りを賭けた戦いが始まった。

　この記事では、「生き残れるのは4大メーカーだけ　本田は1つのミスが命取りになる」といった見出しが躍り、以下のような議論が展開されています。「工程改善による経費削減努力もいずれは一巡すると想定すれば、競争力の決め手は当然、規模の大小へと再び帰ってくる」「ルノーのカルロス・ゴーン氏は、98年のダイムラークライスラーの誕生を『電気ショックだった』と評し、日産との提携への動機となったのを隠さない」「販売台数が200万〜300万台の範囲のフィアット、PSA（プジョー・シトロエン）、さらにその後塵を拝するBMWはもとより、VWとて安泰であり得ないとの見方が多いのは、欧州の競争環境が一段と激化したためだ」———。

　多くの自動車メーカーが生き残りをかけて「400万台クラブ」入りを目指します。しかし、それは幻想でした。象徴とされたダイムラークライスラーは2007年に解体されます。クライスラー部門はアメリカの投資会社に売却され、リーマン・ショックを経た2009年にクライスラーは破産法の適用を受けています。GMも同時に破綻し、富士重工業、いすゞ、スズキと結んでいた提携をすべて解消しました。フォードはジャガーとランドローバーをインドのタタグループに、ボルボを中国の浙江吉利控股集団に売却し、PAGを解体しました。日本のマツダの株式も2010年に売却しています。

　熱狂から20年後の現在、「400万台クラブ」はすっかり死語と化しています。「そんな言葉は聞いたことがない」という人も少なくないでしょう。それもこれも、ダイムラークライスラーの合併時に指標となった生産台数がたまたま400万台だったからで、もともとこの数字にまともな論理的根拠はありませんでした。

　「400万台クラブ」の熱狂の渦中で、何人かの経営者は冷静に構えていました。先の日経ビジネスの記事の中で、トヨタの奥田碩社長（当時）は「M&Aを否定するわけではないが、トヨタグループはいまのままで十分に大きい」、ホンダの吉野浩行社長（当時）は「ホンダはすでにグローバル。環境対策含め自前でやれる。規模がすべてではない」とそっけないコメントをしています。

　言うまでもなく「規模の経済」は当時も今も自動車産業の根幹を支える論理の一つです。しかし、その他にもいくつかある論理のうちの一つに過ぎません。台数を増やしたからと言って、収益が約束されるわけではありません。

　それ以上に見逃せないのは、「400万台クラブ」は**因果関係の理解において錯乱している**ということです。確かに規模の経済は大切ですが、台数は「原因」である以上に「結果」です。競争力のある商品を開発し、それを効率的に作って売ることができてはじめて台数が伸び、その結果として規模の経済を享受できる。これが事の順番です。M&Aによって一足飛びに台数の合算値が大きくなったとしても、それは競争力を保証

しません。相対的に競争劣位にある企業同士が一緒になっても、それぞれの弱みはそのまま残ります。ましてやカルチャーやビジネスのやり方が異なる企業の合併であれば、PMI（合併後の統合）が厄介な問題として浮上し、ますます事態は悪化するリスクがあります。

　当時250万台規模だったホンダは再編の動きから距離をおいて自主路線を貫きました。販売台数が400万台を突破したのはようやく2013年になってからです。すでに見たように、そのときダイムラークライスラーはすでになく、GMは破綻からの再生途上、フォードも低迷する業績に苦しんでいました。

その効用

　「400万台クラブ」の熱狂と各社の迷走は、同時代性の罠が経営判断を大きく誤らせた例です。M&Aに走ったダイムラークライスラーやフォードと、独立路線を堅守したホンダの対比はわれわれに多くのことを教えてくれます。これはごく一例です。近過去の歴史を今から振り返れば、本質的に重要な論理が何であり、何がニセモノの言説だったかが浮かび上がってきます。投資家ウォーレン・バフェットの数々の名言の一つに「潮が引いた後でだれが裸で泳いでいたかが分かる」というのがありますが、まさにその通りです。

　本質を見極める。一言で言えば、ここに逆・タイムマシン経営論の効用があります。誰もが「本質を見ることが大事だ」と言います。本質とは何でしょうか。「物事の基底にある性質」「そのものの本来の姿」を指す言葉ですが、本質の一義的な特徴は「**そう簡単には変わらない**」ということにあります。だとしたら、変わらない本質をつかむにはどうしたらいいでしょうか。もっとも有効な方法は歴史的変化を辿ることです。

　戦後復興期からの近過去に遡るだけで、われわれはさまざまな変化を経験してきたことが分かります。多種多様な技術が生まれ、市場環境は変化を重ねてきました。日本経済を牽引する業界も、繊維から鉄鋼、自

動車、半導体、そして現在のよりソフトなサービス業へと変遷しています。しかし、歴史の流れに目を凝らすと、多くの物事が変化していく中にも一貫して変わらないものが見えてきます。「去年今年貫く棒の如きもの」(高浜虚子)という句があります。本質とは、この「棒の如きもの」なのです。**変化を振り返ることによってはじめて不変の本質が浮き彫りになる**。逆・タイムマシン経営論はこの逆説に注目します。

　事実を正しく読み解く力の重要性を主張した『FACTFULNESS(ファクトフルネス)』という本がベストセラーになりました。これになぞらえていえば、逆・タイムマシン経営論の本領は「**パストフルネス**」(past=過去)にあります。

　未来予測はどうやっても不確かですが、過去は既に確定した事実です。過去の事実は膨大に蓄積されています。歴史はそれ自体「ファクトフル」なものです。しかも、そこには時間的な奥行きがあります。何がどうしてそうなったのか、個別のファクトだけでは得られない**因果関係についての論理**を知ることができます。

　加えて、歴史的事実には統計データにはない強みがあります。それは一つひとつのファクトが**豊かな文脈**を持っているということです。特定のファクトが生起した背景や状況といった文脈を理解し、それを自分のビジネスの文脈と相対化し、ファクトを自らの文脈の中に位置づけて考える。本書で繰り返し強調する「**文脈思考**」はファクトから自分の仕事に役立てる実践知を引き出す上で決定的に重要です。

　さらに言えば、あらゆるビジネスパーソンにとって「パストフルネス」は差別化の武器として大いに有用です。現在は以前にも増して同時代性の罠がより強く働く時代になっています。メディアがデジタルになり、記事の閲覧数を稼ぐための「アテンション・エンジニアリング」に明け暮れる結果、同時代の人々の注意関心を引くような物言いやバズワードがとりわけ誇張されるようになりました。人々の情報受容もスマートフォンという限られた画面が中心です。その結果、キャッチーで刺激的なワンフレーズで物事が語られる傾向がますます強くなっています。

　裏を返せば、これは情報のコモディティ化に他なりません。単に情報

や知識を持っているだけでは「その他大勢」に埋没してしまいます。スマホ時代にあって、膨大な断片的情報から本質を引き出すセンスを持つ人はいよいよ稀少です。だからこそ歴史に目を向けるべきなのですが、ウェブ上のニュースサイトはその即時性からして、歴史をじっくりと扱うことは滅多にありません。ほとんどの人はメディアから毎日流れ出てくる最新の情報のインプットで手一杯で、歴史的過去は注意の射程外に置かれています。

「われわれが歴史から学ぶべきなのは、人々が歴史から学ばないという事実だ」——これもまたウォーレン・バフェットの名言です。言い得て妙です。だからこそ近過去の歴史に学ぶ経営知は、強力な差別化の武器になり得るのです。

その類型

われわれはさまざまな同時代性の罠を3つのタイプに分類しています。本書は3部構成で、それぞれが特定のタイプの同時性の罠に光を当てています。

第1のタイプが「**飛び道具トラップ**」です。先ほどの「400万台クラブ」もそうですが、AIやIoT、ブロックチェーンといったそのときどきで目を惹くテクノロジー、DXなどの流行の経営トレンド、「オープンイノベーション」や「サブスクリプション」「プラットフォーマー」といった注目のビジネスモデル——同時代の人々は「これからはこれだ!」という飛び道具めいた言説に飛びつきがちです。

飛び道具トラップはもっとも頻繁かつ大々的に発動する同時代性の罠です。近過去の歴史を紐解くと、これに嵌った企業や経営者は枚挙にいとまがありません。毎度きらびやかな成功事例が喧伝されるのですが、同時代の人々は、成功事例に埋め込まれた文脈を無視して、対象を万能の飛び道具であるかのように過大評価しがちです。

第2が「**激動期トラップ**」です。同時代の人々は時代の変化を過剰に

捉え、「今こそ激動期！」という思い込みにとらわれます。前世紀末の「インターネットですべてが変わる！」という言説はその典型です。現在進行形のテーマでいえば「ポストコロナで働き方は一変する！」「MaaS（Mobility as a Service：移動のサービス化）で世界が一変する！」などもこのタイプに入ります。例として挙げた「400万台クラブ」は飛び道具トラップと激動期トラップの合わせ技といえるでしょう。

　3つ目のタイプが「**遠近歪曲トラップ**」です。すなわち「遠いものほど良く見え、近いものほど粗が目につく」というバイアスです。その結果として、時間的、空間的に遠い事象を過剰に美化するトラップが生まれます。例えば、シリコンバレー発であれば何でもすごいと思い込む。高度成長期の日本社会や企業や経営の在り方を「昔は元気があって良かった、今は少子高齢化で将来に期待が持てない」というように考える。遠近歪曲トラップに嵌ると、実効性のあるビジョンや戦略が出てこないばかりか、現状をかえって悪化させるような間違った意思決定に走りがちです。

　本書では、近過去の歴史の中で何度となく発動した同時代性の罠の事例を検討し、人々がトラップに陥るメカニズムとそれを回避するための思考法について考察を加えます。

その背景

　本書が生まれたきっかけは、2人の著者の出会いです。楠木は1992年に現在の仕事を始めてすぐに過去の記事のアーカイブから洞察を得ることの有用性に気づきました。やっているうちにどんどん面白くなり、最新の新聞や雑誌を読む際も「これはしばらく寝かしてから読むと面白くなりそうだ……」という視点で記事をファイルするという作業を続けていました。

　楠木は「雑誌や新聞は10年寝かせて読め。そのほうがずっと勉強になる」という主張をあちらこちらで書いたり話したりしてきました。い

つかは「逆・タイムマシン経営論」という本を書きたいという構想を持っていました。しかし、いざ本を書くとなると大変です。自分でファイルしてある記事以外にも、膨大な過去記事のアーカイブを改めて精査する作業が必要になります。これが手に負えず、構想は長いこと棚上げされていました。

　もう一人の杉浦は大学生当時から社史研究に没頭し、数百社の歴史を比較検討していました。理解を深めるために、日経ビジネス、週刊東洋経済、週刊ダイヤモンド、プレジデントの経済メディアの記事を過去60年にわたって追いかけ、社史に描かれた実像を複眼的に読み解くという作業を続けていました。大学の地下にある書庫に過去の雑誌が完備されているという幸運もあり、あまりの面白さに、「書庫に引きこもって過去の経済雑誌を読む」という生活を続けていました。杉浦は「ビジネスパーソンに長期視点を供給する」にミッションを定め、「The社史」（https://the-shashi.com/）という個人のwebサイトの運営を始めました。

　2018年2月のことです。旧知の中神康議氏（みさき投資代表取締役社長）から楠木に一通のメールが届きました。そこにはこういう一文がありました。「長期インターン生を迎えました。杉浦泰くんです。なんと社史マニア。300社にも上る企業の社史を読み込みまくってウェブサイトまで立ち上げるほどの入れ込みよう。社内ミーティングでも『この会社知ってる?』と聞くと、1920年代ぐらいまでさかのぼって事業展開の歴史や経営者の系譜を滔々と語ります。大きな武器になると思いますが、残念ながら僕の筆力では彼の面白さを伝えきれません」——これは……と思いました。

　早速、楠木は杉浦に連絡を取りました。返事にはこうありました。「なぜ、社史に興味を抱いたのかをご説明いたしますと、企業の歴史がビジネスパーソンに語り継がれない現状に強烈な危機感を抱いたからです。ビジネスパーソンにとって長期的な視点は必須であり、『企業の歴史』を学ぶことは、2040年以降の日本経済の発展に通じると、確信しております」——とりわけ「2040年以降の」というところがイイと思いま

した。文字通りの長期視点です。

　楠木が杉浦に初めて会ったのは2018年4月2日のことです。会ってすぐ「この人は普通じゃない」と直観しました。その場で楠木は「逆・タイムマシン経営論」のアイデアを杉浦に伝え、2人で本を書くことを提案しました。

　その後、しばらく間が空きましたが、杉浦がみさき投資を辞め、社史研究家兼ウェブエンジニアに転身したのを機に、2019年11月から本書の執筆が始まりました。日経ビジネスと日経ビジネス電子版で連載の形式で1章ごとに発表し、それを全面的に加筆修正してでき上がったのが本書です。なお、杉浦個人の社史研究の成果の一部は、『20社のV字回復でわかる「危機の乗り越え方」図鑑』（日経BP）として本書に先行して出版されています。

　逆・タイムマシン経営論が意図するのは、「情報収集」や「スキル開発」のための技法やフレームワークの提供ではありません。本書が提示するのは、情報とつき合う際の**「思考の型」**であり、正しい状況認識と意志決定の「センス」、引いては自らの価値基準となる「教養」を錬成するための「知的作法」です。忙しい毎日に追われて近視眼的な思考に流れがちなビジネスパーソンが長期視点を取り戻すうえで、逆・タイムマシン経営論は最も有効な方法論であると確信しています。

　最後に、日経ビジネスでの連載を担当してくださった日経ビジネス副編集長の大竹剛氏と出版にあたってご協力いただいた日経BP経営メディア局の山崎良兵氏と藤田宏之氏には、ひとかたならぬお世話になりました。厚く御礼を申し上げます。

Contents

第 1 部

飛び道具トラップ

第1章 「サブスク」に見る 同時代性の罠

いつの時代もメディアが発信するニュースや言説には「同時代のノイズ」がたっぷりと含まれています。情報の受け手の思考や判断にもバイアスがかかり、しばしばビジネスの意思決定を狂わせる──「同時代性の罠」です。

第1部では、同時代性の罠の最たるものである「飛び道具トラップ」を見ていきます。いつの時代も「最先端」の「ベストプラクティス」や「ビジネスモデル」が喧伝されます。こうした旬の経営手法やツールを取り入れれば、たちどころに問題が解決し、うまくいくと思い込んでしまう。これが飛び道具トラップです。

第1部の劈頭であるこの章では、「同時代性の罠」というコンセプトの意味合いをお分かりいただくために、あえて現在進行形の事例を取り上げます。近年話題を振りまいている「サブスクリプション」です。

スマホ決済の普及が火をつけた「サブスク」

図1-1 │ パナソニックやトヨタ自動車が挑むサブスクリプション（定額制）でなじみが深いのは、新聞や雑誌の定期購読だろう。インターネットの普及で音楽配信や動画配信のサービスでも広く使われるようになり、最近はプロがコーディネートした服やアクセサリー、化粧品を毎月届けるサービスなど、新たなネットサービスでも導入が進んでいる。

「サブスク」という言葉が広まったのは、2018年とごく最近のことです。特に2019年には注目を集めました（**図1-2**）。これを書いている時点で「サブスク」は旬のトピックといえるでしょう。

図1-1

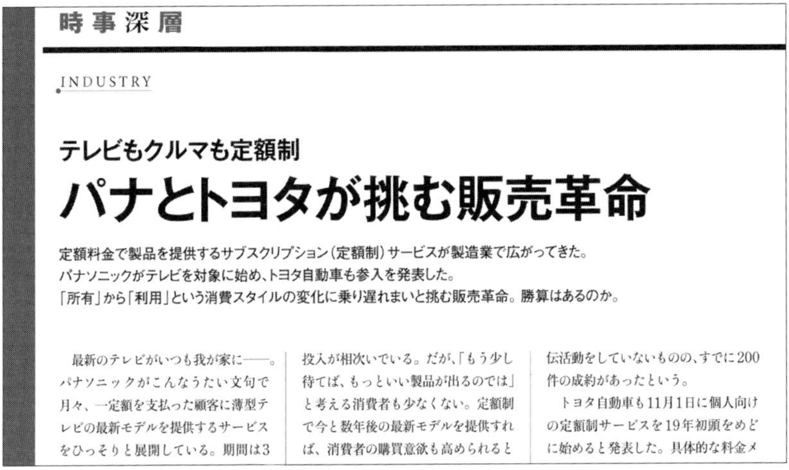

出所:日経ビジネス2018年11月19日号 時事深層「パナとトヨタが挑む販売革命」

> **時事深層**
>
> INDUSTRY
>
> テレビもクルマも定額制
> # パナとトヨタが挑む販売革命
>
> 定額料金で製品を提供するサブスクリプション(定額制)サービスが製造業で広がってきた。
> パナソニックがテレビを対象に始め、トヨタ自動車も参入を発表した。
> 「所有」から「利用」という消費スタイルの変化に乗り遅れまいと挑む販売革命。勝算はあるのか。
>
> 　最新のテレビがいつも我が家に——。パナソニックがこんなうたい文句で月々、一定額を支払った顧客に薄型テレビの最新モデルを提供するサービスをひっそりと展開している。期間は3
>
> 投入が相次いでいる。だが、「もう少し待てば、もっといい製品が出るのでは」と考える消費者も少なくない。定額制で今と数年後の最新モデルを提供すれば、消費者の購買意欲も高められると
>
> 伝活動をしていないものの、すでに200件の成約があったという。
> 　トヨタ自動車も11月1日に個人向けの定額制サービスを19年初頭をめどに始めると発表した。具体的な料金メ

　サブスクリプションが急速に広まった背景にはいくつかの要因があります。とりわけ影響が大きいのはスマートフォンを用いた決済手段の急速な普及でしょう。スマホ普及の初期段階では、便利な無料アプリやゲームが注目を集めましたが、近年は決済手段としての機能が前面に出てきました。2018年にはPayPay(ペイペイ)の「100億円あげちゃうキャンペーン」が注目を集め、スマホ決済はいよいよ普及しています。

　後述するように、サブスクリプションというビジネスモデルは取り立てて新しいものではありません。新聞や雑誌などは「定期購読」という形で昔からサブスクに依拠しています。

　ただし、かつてのサブスクリプションは、決済に関わる取引コストが高いという難点がありました。サブスクリプションが一部のサービスに限られていた理由は、「利用者が定期的にお金を支払う」という行為が面倒だったことにあります。集金担当者が購読者の家を回るか、サービス利用者が銀行振込(もしくは銀行引き落としの手続き)を行う必要がありました。1980年代以降にクレジットカードが普及してからも、必要事項を申込用紙に記入したり入力したりする手間がかかり、利用者に

図1-2　サブスクリプションに言及した記事件数の推移

	日経ビジネス	週間東洋経済
2015年	1	0
2016年	1	0
2017年	4	1
2018年	5	1
2019年	13	35

出所：東洋経済デジタルコンテンツ・ライブラリー、日経BP記事検索サービス

とってサブスクリプションには心理的なハードルがありました。

決済へのハードルが高い状況はインターネット普及後も変わらず、2000年代まではクレジットカードの情報をネットに登録することに、心理的な抵抗を感じる人が少なくありませんでした。

ところが、スマートフォンの普及で、決済に対する利用者のハードルが一気に低下しました。サブスクリプションの利用者はクレジットカードの番号をスマホに登録すれば、指先を動かすだけで一定の信頼性のもとに複数のサービス決済ができるようになりました。

より大きいのは、解約にまつわるコストです。まずは試してみて、自分にとって価値がなければスマホですぐに解約できる。新聞の定期購読が典型ですが、従来のサブスクリプションは、一度始めてしまうと解約に手間がかかりましたし、心理的にもちょっとした負担がありました。契約と解約のコストの両方が軽減されたため、多くの人々が気軽にサブスクリプションを利用できる条件が整いました。

アドビの成功事例

新しい経営施策やツールが飛び道具として注目を集めるようになる背後には、決まって**華々しい成功事例**があります。サブスクリプションの場合、米アドビの戦略転換の大成功がそのひとつです。以前はパッケー

ジソフトの売り切りをしていたアドビは、サブスクリプションへとビジネスモデルを変えることによって業績を大きく伸ばしました。この成功事例が注目され、「これからはサブスクだ！」というブームの着火点となりました。

ただし、です。アドビの戦略転換の成功は同社に固有の戦略の文脈を押さえなければ正しく理解できません。アドビの主力製品は昔からPhotoshop（フォトショップ）やIllustrator（イラストレーター）といった、クリエイターやデザイナーにとって定番のソフトウェアです。

サブスク化のずっと以前から、PhotoshopやIllustratorは「それがなくては仕事にならないもの」でした。実際に東京都内のデザイン職の求人情報を「indeed」などの求人サイトで調べると、PhotoshopやIllustratorを使えることが条件として重視されていることが分かります。アドビのソフトが、デザイナーのキャリア形成の大前提になっています。アドビは単なるデザインツールを販売しているのではなく、デザイナーに不可欠な"スキルのインフラ"を提供している会社といってよいでしょう。こうした強力な中核製品がアドビの業績を支えています。

こうした文脈に置いてみると、アドビがサブスクリプションを導入した理由や、それが成功した理由が見えてきます。

アドビが抱えていた課題の1つは、価格の高さでした。2008年ごろのアドビはPhotoshopとIllustratorがセットになった「Creative Suite 3 Design Premium」に約30万円という価格を設定していました。プロフェッショナルが必須とするツールの地位を確立していた業務用ソフトですから、売り手であるアドビが価格交渉力を握っていました。高額の価格設定は一面では合理的な戦略です。

ところがその半面で、新しく入ってくるユーザーにとってはハードルが高いという難点がありました。画像やイラスト加工に興味があるビギナーは、高価なアドビの製品ではなく、他社の安い加工ソフトを利用して制作活動にいそしんでいました。趣味のイラスト制作では気軽にアドビのソフトを利用することはできなかったのです。

こうしたトレードオフを反映して、2010年代初頭のアドビは、業績

が安定的に推移していたにもかかわらず、株価は横ばいでした。資本市場では将来の成長に対する楽観材料に欠ける会社とみられていたのです。アドビが開発したウェブサイトにアニメーションを表示するFlashというソフトにアップルが非対応を宣言するなど、アドビの将来には悲観的な見方が少なくありませんでした。

　停滞を打破するために、2013年にアドビは大きな決断をします。それがサブスクリプションでした。アドビは売り切り型の販売を中止し、高額パッケージソフトのビジネスと決別します。月額980円（税別）から利用できるサブスクリプションにビジネスモデルを完全に移行しました。パッケージとサブスクリプションを併用しないという、あえて退路を断つ英断です。

　当時の日経ビジネスは、アドビの決断について「明確なビジョンと確実な戦略立案を遂行してみせたアドビの方針転換は、まさに好例と言えそうだ」と評価しましたが、その時点ではアドビの決断が吉と出るか凶と出るかは意見が分かれていました。（**図1-3**）

　現パッケージからの撤退を決めた2013年には一時的に売り上げを低

図1-3

出所：日経ビジネス（2013年6月24日号　企業研究　米アドビシステムズ「高シェアをテコに他事業へ」）

下させたものの、2014年以降は早くも回復に転じました。アドビの戦略意図は功を奏しました。それまで海賊版や他社製品を利用していた人たちの新しい需要を獲得したのです。2016年の時点では、アドビのサブスクリプションの有料顧客のうち、30％がそれまでアドビ製品に触れたことがない層でした。こうした新しい顧客層は将来アドビの中核的な顧客になり、さらなる売上増が期待できます。

　アドビの成功は株価の推移にも表れています。2013年ごろに1株40〜50ドル付近を行き来していた株価は、2019年7月には一時300ドルを超えました。サブスクリプションの導入によって経営を再成長の軌道に乗せた企業として、資本市場からも大きく評価されました。

　図1-4　｜　PDFという電子文書規格を世界に普及させた米アドビシステムズ。業績絶頂期に従来の成功モデルを捨て去り、大胆に生まれ変わった。デザインソフト世界最大手となった今も、失敗を恐れない。

サブスクに飛びつき、静かに撤退する企業

　アドビの戦略転換の成果は目覚ましく、大きな注目を集めました。「サブスクリプションこそ成長と収益拡大を同時に実現するなビジネスモデル」という言説が同時代の空気として定着します。「サブスク」と短縮語で呼ばれ、人口に膾炙するようになりました。

　これを書いている現時点でもサブスクに対する注目度は高く、ブームが収束しているとはいえません。しかしその一方で、静かにサブスクから撤退する企業もちらほら出てきています。

　2018年には紳士服大手であるAOKIホールディングスが、開始からわずか半年でスーツのサブスクリプション事業「suitsbox（スーツボックス）」から撤退しています。suitsboxは若者をターゲットに、月額7800円から利用できるスーツのサブスクリプションとして事業化され

図1-4

出所：日経ビジネス2016年3月28日号 企業研究 アドビシステムズ「『成功』を捨て『失敗』を買う」

ましたが、黒字化が難しいというのが撤退の理由でした（**図1-5**）。

　日本酒のサブスクリプションサービス「SAKELIFE」を展開していたClear（東京・渋谷）は、同サービスを事業譲渡して既に手を引いています。サービスが定着しなかった理由は、サブスクを利用する顧客が徐々に日本酒に詳しくなってしまい、情報の非対称性が解消されてしまったことにあります。サブスクで商品やサービスを継続的に購入・利用するほど価値が減衰し、顧客が「卒業」してしまうというジレンマです。

　サブスクリプションという課金形態は今後も増えていくでしょうが、そのすべてが実際に増収や増益といった成果に結びつくわけではありません。

　アドビの話に戻ると、サブスクが成功をもたらした最大の理由は、それがユーザーのハードルを下げて新しい層の顧客獲得を可能にしたことではありません。より決定的な要因は、PhotoshopやIllustratorといった中核商品の粘着性が高いことに求められます。ユーザーの業務に

図1-5

出所：日経クロストレンド2018年11月14日「AOKIが半年でサブスク撤退　新社長による事業見直しか」

　とって不可欠のツールでありインフラなので、そう簡単には「卒業」できません。逆に、使い続けるほどツールに慣れ親しみ、習熟が進みます。これはユーザーにとっての価値が使用経験とともに増大することを意味しています。情報の非対称性に依存した「SAKELIFE」とは逆の成り行きです。

　サブスクリプションとは「定額課金」という、昔から数ある課金形態の1つにすぎません。新聞というメディアは、情報を高頻度で継続的に提供するというビジネスの構造上、昔からサブスクリプションという形態が最適でした。必然的にサブスクリプションが標準的な課金形態として定着しています。

　サブスクの本家本元である新聞業界ですが、ここへきて勝敗が分かれ始めています。定額購読という「最先端」のサブスクモデルに古くから依拠していた業界ですが、時代の変化に対応できるかどうかは、各社の戦略次第です。

これを見ても明らかなように、サブスクという課金方式の選択それ自体が競争優位をもたらしているわけではありません。あくまでも戦略を構成する一つの要素です。それが差別化された価値をもたらし、しかも価値を持続できるかどうかは、複数の打ち手が首尾一貫性を持ってつながった戦略ストーリーの文脈に「サブスク」を置いてみなければ分かりません。

アドビの場合、ユーザーにとって極めて粘着性の高い強力なプロダクトがあり、しかもそれが独自の戦略ストーリーの文脈でサブスクリプションという課金形態とつながっています。長期利益をもたらしたのはサブスクではなく、長い年月をかけて練り上げられたアドビの戦略ストーリーの方です。戦略ストーリーにサブスクという課金形態がうまくフィットしたからこそ成功したのです。

「同時代性の罠」が経営判断を誤らせる

サブスクリプションそれ自体が競争優位を約束しないのはメディアやソフトウェアだけではありません。ハード機器でも同様です。例えば、エレベーター業界は以前からサブスクリプションに依拠した商売を続けています。保守点検のサービスを定額課金することでビジネスを成り立たせています。昭和の高度経済成長期から現在に至るまで、商売の基本構造は変わっていません。

日本では現時点で、フジテック、日立製作所、東芝、三菱電機、日本オーチス・エレベータが主要なプレーヤーですが、各社とも常に厳しいシェア競争にさらされており、サブスクが収益に結びついている様子はありません。なぜかというと、どの企業も同じようにサブスクリプションというビジネスモデルに依拠しているからです。

戦略の本質は競合他社との「違い」をつくることにあります。競争がある以上、違いがなければ顧客に選ばれません。サブスクそれ自体は「非競争領域」、つまりエレベーター業界ではあまりにも当たり前のことに

なってしまい、差別化にならないのです。そのため、エレベーター各社はサービスの質や価格の安さを競う「普通の競争」を余儀なくされています。

　サブスクブームは同時代性の罠の典型です。特定企業の成功事例が、その企業が長い時間をかけて練り上げてきた文脈から引き剝がされ、課金形態だけがメディアで急速に拡散します。その結果、「サブスク」という言葉が一人歩きし、あたかも「新しくてすごい飛び道具」のような扱いを受けるという成り行きです。戦略の一要素に過ぎない課金方式の選択が、いつの間にか戦略や競争優位の実体とすり替わってしまうのです。

　繰り返しますが、サブスクリプションは古くから存在する課金方式の1つであり、新しいトレンドでも最新のビジネスモデルでもないことは、一歩引いて考えれば誰にでも分かることです。にもかかわらず、「これからはサブスクだ！」とばかりに拙速な判断と行動に出てしまう経営者が少なくありません。同時代性の罠に嵌ると、意図した成果が実現しないどころか、かえってそれまでの戦略ストーリーが破壊されてしまいます。

　逆・タイムマシン経営論の導入として、ここではあえて現在進行形の事象を取り上げました。次章はいよいよタイムマシンに乗って近過去に遡り、1990年代のビジネス界を席巻していたERP（統合基幹業務システム）という飛び道具をめぐるドタバタ劇を検証します。

第2章 | 秘密兵器と 期待された「ERP」

　「飛び道具トラップ」が頻繁に発動するのは何といってもIT分野です。ITの本質はコンピューターによる計算技術ですが、その汎用性ゆえに「何ができて、何ができないか」という線引きがあいまいです。このため、必ずしもITの専門家ではない経営者は、過剰な期待や過度な幻滅を抱きがちです。ITを使ったシステムやツールの歴史は「飛び道具トラップ博物館」の様相を呈しています。裏を返せば、ITツール導入の意思決定は経営センスの有無が如実に表れるところです。

　IT絡みの飛び道具トラップが大規模に発動した事例のひとつに、今から20年ほど前の「ERPブーム」があります。ERP（統合基幹業務システム）とは、主に大企業が経営資源を計画的に管理運用するためのソフトウエアです。財務や在庫管理といったホワイトカラーの業務効率を高めるという点で重要な役割を担うものですが、その普及過程には紆余曲折がありました。

　1990年代後半に日本で旋風を巻き起こしたERPについて、どのような同時代の空気の中で期待が形成され、その結果として何が起こったのか、飛び道具トラップが発動した経緯を見ていきましょう。

コスト削減の「救世主」

　図2-1 ｜ ホワイトカラーの仕事の流れを高速道路に乗せる。そんなコンピューターソフトが現れた。日本企業の多くは、長年の間にできあがった複雑な社内手続きや迷路のような業務手順を抱えている。それがホワイトカラーだけでなく、会社全体の生産性向上の足を引っ張っている。新しい業務改革ソフトは迷路を整理し、仕事の手順をスムーズにする。総論賛成でも各論反対でなかなか進まないリエ

ンジニアリング（業務の抜本的革新）を、実質的に推進する道具となる。ただ、業務の合理化であなたの仕事はなくなるかもしれない。

ERPが日本市場で普及途上にあった1990年代後半において、ERPは「魔法の杖」であるかのように受け取られていました。1996年の日経ビジネスの記事のタイトルにあるように、ERPは「業革の秘密兵器」であり（「業革」というワードが時代を感じさせます）、導入によって企業が根本的に変わるという期待が寄せられました。（**図2-1**）

そもそもERPはどのような背景のもとでブームを形成したのでしょうか。社会的背景と技術的背景を見ておきましょう。

まずは社会的背景です。1990年代後半の日本において、ERPが期待を集めた大きな要因は、「バブル崩壊」にあえぐ企業が、コスト削減を効果的に実現する方法を強く求めていたことにあります。

バブル経済の絶頂期からしばらく経った1990年代後半は、「どうやら

図2-1

出所：日経ビジネス1996年1月22日号特集「要らない仕事 業革の秘密兵器ERP」

今までの状況がヘンだったのでは……」と人々が認識を改めた時代でした。バブル崩壊で売り上げが頭打ちになると、必然的な成り行きとして、コスト削減が重視されます。その中でも最大の課題は、固定費をいかに下げるかにありました。終身雇用を前提とした日本の企業にとって、希望退職者の募集といった人員削減はあくまでも「最終手段」でした。そこで、人員削減への影響が少ない間接部門のコストカットがターゲットとなりました。

　コスト削減に取り組む日本の大企業が真っ先に目をつけたのが、情報システムでした。1990年代前半のシステムは、企業が自社でコンピューターを保有し、管理するのが一般的でした。その導入と運用は日本IBMや富士通、日本電気（NEC）などのベンダーに大きく依存していました。

　当時の情報システムの最大の問題は、各部門に分散したシステムの連携がとりにくいことにありました。1980年代までの日本の企業では、ある部署にあるコンピューターを導入し、時代を経て、別の部署では別のコンピューターを導入するといった形で導入が進み、結果として一つの企業に様々なシステムが混在していました。もともとこれらのシステムは合理化のために導入したシステムでしたが、皮肉なことに、時代を経てシステムのほうが合理化の対象になってしまったのです。

　そこに突如として現れた救世主が「ERP」です。ERPの一義的な役割は部門横断的な基幹業務の連携にあります。部門ごとにバラバラに動いていたシステムの限界に直面していた企業にとって、ERPは一挙に問題を解決するツールでした。

　もうひとつは技術的な背景です。1990年代のIT業界における重大なトピックは、インターネット回線の普及と米マイクロソフトのOS（基本ソフト）「Windows95」の発売でした。1990年代後半には、様々なインターネットを用いたベンチャー企業が出現し、ITは新しい段階に突入します。

　その一方で、1990年代のインターネット技術はまだ十分ではありませんでした。この時代のインターネットは、通販や個人的な趣味の情報

交換といった需要が主体で、まだビジネスに全面的に活用できる段階にはなかったのです。加えて、セキュリティーの問題も無視できませんでした。

　総じていえば、1990年代の企業向けのシステムにおける技術革新は、今と比べれば落ち着いたペースで進んでいました。安定した技術基盤の上にシステムの標準化が進んだ結果、ERPという汎用的なソフトウエアを活用する素地が整っていたのです。

SAPが着火したERPブーム

　日本市場のERPで先陣を切ったのが、SAPジャパンでした。1993年にSAPジャパンは「R/3」というERPの主力アプリケーションの日本での発売を表明しました。財務会計、管理会計、販売管理などのモジュールを用い、それらをシームレスにつなげて拡張性の高いシステムの構築ができる、というのがセールスポイントでした。SAPジャパンの競合である日本オラクルはSAPより約1年遅れで日本市場に参入しています。

　1992年に設立されて間もないSAPジャパンは、ERPの販売や企業への導入を自社だけで完結することは困難でした。そこで、R/3の拡散にあたっては日本IBMなどの大手ベンダーの力を活用します。顧客接点を握る外部のパートナーの力を借りることでERPを一気に広めるという戦略でした。

　当時は「日本企業は自社システムにこだわるので、ERPなどの業務ソフトは受け入れられない」という見方も根強くありました。SAPジャパンの社長であった中根滋氏も当初は「大企業ほど自前のシステムにこだわるだろう」「世界一といわれる製造技術を持つくらいだから生産管理システムの需要は一段落しているだろう」「人事管理もさほど見込めないだろう」（日経産業新聞1994年2月28日）という悲観的な推測をしていました。

悲観論は杞憂に終わり、SAPは発売初年度から、山之内製薬（現アステラス製薬）、日本リーバ（現ユニリーバ・ジャパン）、松下電器産業（現パナソニック）などの大手6社に対して次々にR/3の納入を成功させます。SAPは日本のERP市場におけるパイオニアの地位を確立しました。

そこからERP市場の急拡大の火蓋が切られました。大企業がこぞって合理化のためのERPに殺到します。ERP市場は一気に拡大しました。冒頭の日経ビジネスの「業革の秘密兵器」というERPの特集記事は、ERPブームが過熱しつつあった1996年当時のものです。1998年に入っても「SAPのけん引で順調に市場は拡大」という状況が続きました。（図2-2）

SAPジャパンの売上高は1996年度で150億円、翌1997年度は232億円という伸びを記録します。1998年のSAPは国内のERP分野で70%超のシェアを持っていました（Nikkei Watcher on IT Business

図2-2

Nikkei Watcher on IT Business 1998年5月1日号　売れ行きチェック「ERP（統合業務パッケージ）　SAPのけん引で順調に市場は拡大　日立、NTTデータなど国産勢も健闘」

1998年2月20日号）。SAPジャパンは設立から約5年、「R/3」という主力ソフトの発売から約4年という短期間で、予想外の成功を収めました。

　ブームの頂点は1998年でした。同年5月に中根社長は「経済不況の時代とは言え、生き残ろうとしている企業の投資欲は衰えていない。コスト・パフォーマンスを追求すればERPしか選択肢はないだけに、先行きの不安は全くない」と、強気の見方をしています。

参天製薬：ERP導入の成功事例

　図2-3 | 日本でいち早くERP（統合業務）パッケージを導入して、具体的な経営効果を出した参天製薬。だが森田隆和社長の評価は厳しく、あくまでもERP本来の価値にこだわる。「費用構造を分析して行動できなければ、収益には直結しない」

　アドビの戦略転換の成功事例がサブスクリプションのブームに火をつけたように、1990年代のERPブームでも初期の導入成功事例が注目を集めました。

　例えば、業界に先駆けてERPの導入に踏み切った参天製薬です。同社は業務のコンピューター化が遅れており、ERP導入前の購買業務では社員が人海戦術で伝票をやりとりしていました。前近代的で非効率な業務を改善するため、森田社長は早くも1994年にERPの導入を検討しています。ERPの導入にあたっては、森田社長がトップダウンで積極的に関与しました。

　1994年はSAPジャパンがR/3を発表した直後です。日本におけるERPの認知度はほぼゼロに等しい状態でした。なぜ参天製薬がこのように早い時期にERPを検討したのでしょうか。それは、森田社長が欧米企業2000〜3000社がERPを導入しているという米「ビジネスウィーク」の記事をたまたま目にしたからだといいます。

　森田社長は1980年代からパソコンに興味を持ち、中期経営計画を策

図2-3

出所：日経情報ストラテジー1999年8月号トップインタビュー 森田隆和氏　参天製薬社長「費用構造を見ずしてERPの真価得られず」

定する際は、自分で表計算などのソフトを活用するなど、自らITを使いこなす、当時としては珍しい経営者でした。参天製薬に転職する以前は石川島播磨重工業（現IHI）でプラント設計のコンピューターのプログラムを担当した経験がありました。

　1994年ごろ、森田社長は自宅のパソコンにデータベース・ソフトをインストールし、実際に使ってみて「これはすごいプログラムだ」「こんなプログラムを作るのには何十億、何百億円というお金がかかっているに違いない」「でも、これだけたくさんの人が使うと1万〜2万円で買えてしまう」とコンピューターの進歩に感動しています。

　1998年の時点で参天製薬のERPは業務プロセスの改善という点で一定の成果をもたらしました。売り上げの増加に反して購買に関わる人員数は抑えられ、経理業務でも従来よりも少ない人数で経営判断に必要な情報を提供できようになりました。参天製薬のERPの導入は、初期の成功事例として注目を集め、専門誌に特集されるまでになりました。

「国内最大級のERP」を導入したコマツの混乱

　しかし、参天製薬のようなERPの導入成功事例は例外的で、多くの日本企業はERPの導入に際して多大な苦労をすることになります。

> **図2-4** ｜ 建設機械最大手のコマツは4月、5年の歳月と100億円を費やして新基幹系システムの再構築プロジェクトを終えた。国内外8カ国17拠点が対象で、製造業のERPパッケージ導入事例としては国内最大級である。プロジェクトには、経営トップが積極関与。作業の終盤ではシステムの「処理性能問題」に直面、ERPパッケージの内部を改良するという"禁じ手"をやむを得ず選択し、稼働にこぎつけた。

　1990年代後半に注目を集めたERPでしたが、1999年ごろには過度に楽観的な見方は消えうせ、ブームは下火になります。以降は、むしろ「ERP導入にあたっての苦労話」が専門誌の誌面を飾ることになります。

　その代表例が「国内最大級のERP」を導入したコマツです。コマツは2002年4月にERPの全面稼働を実施しますが、プロジェクト開始から稼働までに約5年を要しています。当時のコマツ会長の安崎暁氏も「予想以上に長くなった」（**図2-4**）と漏らしています。

　コマツにおけるERP導入の混乱は、その一部を独自のシステムで対処したことでした。当初は業務プロセスの効率化のために業務をERPに合わせるという方針が打ち出されましたが、これが現実には難しく、コマツは一部で独自のシステムを追加する道を選択しました。

　ERP導入を振り返って、安崎会長は「要因はいろいろあったが、我々の勉強・経験が不足していたことは否めない」「プロジェクト・メンバーは業務が混乱しないよう細心の注意を払いながら、着実にシステムを稼働させるよう頑張った。IBMも約束した通り、逃げずによくやってくれた」という言葉を残しています。

　コマツ以外の多くの日本企業でも、ERPに業務を合わせるのではなく、

図2-4

出所:日経コンピュータ 2002年6月3日号 完遂プロジェクトの研究 コマツ「国内最大級のERPシステムを5年で稼働　処理性能が上がらず"禁じ手"採用」

既に存在する業務にERPを合わせるため独自システムを導入することが珍しくありませんでした。独自システムの導入には、カスタマイズのための追加コストが必要で、導入にも時間がかかります。日本企業のERP導入が一筋縄ではいかないことが徐々に明らかになりました。

経営の思惑とのミスマッチ

　ERPパッケージベンダーとして随一の地位を築いたSAPジャパンも、1998年ごろからERPへの風当たりの強さに翻弄され始めます。SAPジャパンは「パッケージに業務を合わせるのがERPの正しい使い方」と強調しましたが、間に入って顧客にERPを導入しているのはパートナーのシステムベンダーです。SAPの考えは顧客にまで十分に浸透しま

せんでした。日本のユーザーは既存業務の延長線上にERPを導入することを優先し、結果としてカスタマイズの多いシステムになりました。

　欧米におけるERP活用の最大の眼目は人員削減によるコストダウンにありました。日本の大企業にとって人員削減の回避が至上命題だったにもかかわらず、ERPの導入は人員削減を前提としていたのです。ERPの設計思想と日本の企業の現実の間には根本的なミスマッチがありました。

　SAPジャパンの中根社長は「日本企業はERP導入に先立ち、まず組織を変えることが課題となる。大半の日本企業は販売や人事、経理などの機能別組織になっている。これを事業別組織に変え、事業単位でERPを使って業務の統合管理をしやすくする必要がある」と訴えましたが、組織改革まで実行する企業は稀でした。

　さらに悪いことに、1998年ごろから日本企業は本格的なバブル崩壊の影響を受け、ERPへの大規模な投資を凍結する動きが相次ぎます。合理化のための投資でさえ、十分に行うことができない企業が続出し、1999年になるとERP市場は踊り場を迎えます（**図2-5**）。

　ERPのベンダー各社も、数少ない大型案件を獲得するために激しい競争へと突入します。その象徴がソフトバンクの案件でした。各社ともソフトバンクの孫正義社長（当時）との商談をまとめるために奔走し、あるERPの日本法人の社長は孫社長かかりつけの歯医者で待機して接触を試みるなど、激烈な競争が繰り広げられました。

　ソフトバンクの案件獲得には、SAP、オラクル、ピープルソフトの各日本法人が勢ぞろいしました。ソフトバンク側が導入コストに厳しい制約を課したため、複数のERPメーカーが白紙で見積もりを提出する状況だったといいます。最終的にピープルソフトが受注を獲得しますが、同社は2005年に同業のオラクルに買収されて消滅しています。

　シェアトップのSAPジャパンも無傷とは言えず、1999年には高成長に陰りが見え始めました。この年にSAPジャパンの中根社長は、プライスウォーターハウスクーパーコンサルティング（当時）の常務に転出します。この人事について、日経産業新聞は「中根氏のSAPジャパン

図2-5

出所:日経コンピュータ 1998年8月3日号

社長退任は業績悪化による解任との見方が一部で出ていたほか、日本を
含むアジア・太平洋地域の一体運営のためのグループ戦略の転換に伴う
本社との対立が原因とうわさする声もあった」(日経産業新聞1999年11
月24日)と報道しています。ERPのトップ企業であったSAPでさえ、内
情は厳しかったことが窺えます。

　1998年の日経コンピュータの記事で、SAPの競合であるオラクル社
長兼COO(最高執行責任者)のレイモンド・J・レイン氏は、日本オ
ラクルが日本市場で苦戦した理由について次のように述べています。

図2-6 | 第一に日本オラクルは、これまでデータベース事業に注力
してきました。それはデータベース市場が、ERPパッケージより
も急激に成長していたからです。ただその急成長に目を奪われた結
果、データベースだけに注力する期間がやや長すぎたと思います。
せめてもう1年早くERPパッケージの事業に参入すべきでした。

　二番目に、日本語化が遅れました。もっと早い時期に米国で日本語化に取り組むべきでした。

　三番目に、SAPのR/3を導入した顧客を調べてご覧になってみたらいかがでしょうか。確かにたくさんの企業がR/3を導入しましたが、システムの立ち上げに苦労しているところがたくさんあることがわかるでしょう。もちろん、Oracle Applicationsで苦労している企業もありますが、R/3で苦労しているところよりはずっと少ないはずです。

　こうした問題が起こるのは、日本の企業がパッケージ・ソフトウエアの導入の仕方を理解していないことが理由です。日本の企業は多くの場合、自分たちの要求をパッケージのカスタマイズで実現しようとします。このため、我々はパッケージ・ソフトウエアの導入

図2-6

出所：日経コンピュータ1998年3月30日号 インタビュー 米オラクル社長兼COOレイモンド・J・レイン氏「NT用データベースでもマイクロソフトに負けない」

方法を日本の顧客に指導するのに長期間にわたって拘束されているのが現実です。

「新奇性」と「即効性」がトラップを誘発する

日本におけるERPへの過剰な期待感は2000年ごろになると冷え込み、ERP導入の難しさも共通認識となりました。ERPが業務改革の秘密兵器と呼ばれた期待感とは裏腹に、むしろERPが業務改革におけるボトルネックになる事例が続出しました。

その後さらに20年を経て、現在のERPは業務効率化のツールとして定着しています。ただし、その効果は業務プロセスの効率化に限定されています。当初期待されたような「ERPで勝つ」という話ではありません。

そもそもERPは企業の日常的な業務である財務会計、販売、購買、生産管理、在庫管理などの基幹業務を合理的に遂行するためのITツールです。企業のビジネスを円滑にするために、バックエンドの基幹業務を合理化するというのがERPの主な役割であって、ERPの導入が企業の競争優位に直接結びつくわけではありません。

競争戦略論の始祖ともいえるハーバード大学のマイケル・ポーター教授は、その議論の出発点で「優れたオペレーション」(OE：Operational Excellence)と差別化の源泉となる「戦略的ポジショニング」(SP：Strategic Positioning)を明確に区別しています。前者が他社に対して"better"であるのに対して、後者は他社に比べて"different"であることを意味しています。両者を区別したうえで、ポーター教授は「競合他社との違いをつくるのが戦略であり、それは他社とdifferentな活動を選択することによって生まれる。他社よりもbetterであってもそれは戦略ではない」としています。この区別に即していえば、ERPはそもそもOEを目的としたシステムであり、SPは射程外です。

　ERPを導入したからといって、もともとのビジネスが見違えて強くなることはあり得ません。しかも、各社がこぞって導入する「優れたツール」であれば、前章でも見たように、すぐに非競争領域になってしまいます。ERPの導入に成功した参天製薬では「基幹システムは競争分野ではない」（日経コンピュータ1998年5月25日号）という冷静な認識がありましたが、このようにERPブームに幻惑されずにツールとして割り切っていた企業は例外的でした。

　この章で事例として取り上げたERPはほんの一例です。ITツールやシステムに「同時代性の罠」が潜んでいたという例は枚挙にいとまがありません。冒頭でも話したように、IT絡みの経営施策は「飛び道具トラップ」の宝庫なのです。

　なぜでしょうか。**ITには「新奇性」と「即効性」という2つの大きな特徴がある（かのように見える）**からだというのがわれわれの見解です。「最先端のテック」は、それが今までになかったものだけに、使う側に過剰な有用感、もっといえば万能感を与えます。しかも、そうしたツールは「パッケージ」「モジュール」として提供されるため、予算立てしてカネさえ払えば（使いこなせるかどうかは別にして）即時入手可能です。即効性が高いという印象を与えやすいわけです。ツールを提供する側のベンダーが「新奇性」と「即効性」という2つの大きな特徴を強調するのは商売上の必然です。これが過剰な期待にますます拍車をかけます。

手段の目的化

　ITツールに限らず、同時代性の罠が発生する定番の論理に「**手段の目的化**」があります。本来は特定の目的を達成するための手段だったものが目的とすり替わり、肝心の目的の達成からかえって遠ざかってしまうという成り行きです。

　ERPをめぐるドタバタ劇は手段の目的化の典型です。本来は業務効

率化のためのツールであるはずのERPが、その新奇性と即効性ゆえに新しい「競争の武器」として誤解され、そもそもの目的を飛び越えて万能感を醸し出します。それほどの武器ならば「遅れてはならじ」ということで各社が競って導入します。手段であったERPがいつの間にか目的になってしまう。ERP導入という「目的」を達成するためにひたすら努力をするという成り行きです。

　業務効率化のためにERPを導入するのであれば、意思決定の基準は当然のことながら手段としての有効性です。だとすれば、SAPやオラクルが推奨したように「ERPに業務を合わせる」という選択肢をとるべきでしょう。その結果として、人員削減という結果になるのは自然の流れです。なぜならば、ERPというのはそもそもの設計思想において「そういうもの」だからです。

　もしくは、もし「ERPに業務を合わせる」が組織全体のパフォーマンスを損なうのであれば、ERPの導入は手段として端から間違っているわけです。ERPを導入しない、もしくは導入を白紙撤回するという選択肢をとるべきです。

　ところが、多くの日本の大企業は「ERPを導入する」けれども「業務にERPを合わせる」という、どっちつかずのアプローチをとりました。これが部分的に独自システムを構築しカスタマイズするという無茶を強いることになりました。その時点ではERP導入という「全社的な大規模プロジェクト」の推進が目的化してしまっていたからです。今さら白紙撤回はできず、かといって「ERPに業務を合わせた」ときの様々なデメリットも避けたい。この矛盾に陥った企業は、両者の中間の「悪いところ取り」の道を進みました。

　このように、始まりのところで手段が目的化してしまうと、その後に次々と**負の連鎖**が生まれます。だからこそ、何がそもそもの目的で、何がそれに対する手段なのか、手段と目的の関係をはっきりさせた上で意思決定をすることが大切なのです。

　その後、過去にERPを導入した日本企業が共通して抱える問題が表面化しました。ERPのレガシー化です。

　多くの企業が金食い虫のERP（統合基幹業務システム）に頭を悩ませている。特に、かつて「業務改革」を旗印にビッグバン導入を図った企業では、深刻なレガシー問題だ。巨額の資金と期間を費やして導入したERPが業務の標準化による効率化や経営の見える化、内部統制強化などに全く役に立たないばかりか、バージョンアップのたびに膨大な追加コストがかかる。こうした企業では、お荷物となったERPをどうするかが大きな経営課題となっている。

（出所：日経クロステック2013年12月26日 木村岳史の極言暴論！「ERPレガシーの悲惨」）

　日本の企業にERPが導入された時期はまちまちですが、2000年に導入したと仮定すると、現在では導入から20年が経過しています。レガシー化したシステムの置き換えという重い作業が現実の課題となってきました。

　日本では多くの企業がERPを独自にカスタマイズして導入したため、システムの保守やバージョンアップに追加の工数がかかり、ITベンダーに支払う金額も無視できない規模に膨れ上がっています。「業革の秘密兵器」として華々しく注目を浴びたERPが後に「金食い虫」と問題視される、という皮肉な成り行きです。

　あらゆるITツールは特定の目的を達成するための手段です。しかも、そこでの目的は、さらに上位の目的を達成するための手段になっています。組織とは、「目的と手段の連鎖の体系」といってもよいでしょう。

　飛び道具トラップから逃れるためには、それが何を実現するための手段なのか、そもそもその目的はより上位の目的に対する手段として正しいのか、目的と手段の連鎖の中で物事を考え、評価することが大切です。言ってしまえば当たり前の話ですが、近過去のERP導入事例は、この当たり前のことの難しさを教えてくれます。

　今回検証したERPは過去の話ですが、現在も「○○テック」というような表現で、ソリューションやツールが次々に出てきます。しかも、その多くがAI（人工知能）という**キング・オブ・飛び道具**に依拠しているため、いよいよ新奇性と即効性のイメージにターボがかかって

います。AIブームは早くも鎮静化の兆しを見せていますが、それに代わって今度は「DX（デジタルトランスフォーメーション）」というキーワードが前面に出てきました。**「世に飛び道具の種は尽きまじ」**です。

　最近は著者のところにも「DXについて書いてくれ」「DXがテーマのセミナーで話してくれ」という依頼が多く来るようになりました。そうした機会には「DXは長期利益のための競争優位を構築する手段の一つ、戦略を構成する要素の一つに過ぎない。稼ぐための戦略ストーリーをはっきりさせることが先決で、戦略の中に位置づけてはじめてDXは意味を持つ。DX抜きに儲かる商売であれば、DXを推進する必要はない」と申し上げているのですが、「DX推進担当者」からは決まってイヤな顔をされます。彼らにとっては「DX推進」が必達の目標であり目的になってしまっているからです。

　AIもDXも確かに手段として有用です。しかし、手段に過ぎません。改めて自社の意図する目的と手段の連鎖をはっきりと描き、同時代性の罠に飲み込まれないことが肝要です。「目的→手段」の筋を通す。そこに経営の一義的な役割と責任があります。

第3章 「SIS」の光と影

　前章でもお話ししたように、IT分野は飛び道具トラップがあちらこちらに埋め込まれた地雷原の様相を呈しています。それだけに、ITツール導入の意思決定は経営センスのリトマス試験紙のような意味合いを持っています。

　本章ではタイムマシンに乗って、ERP導入のさらに前、バブル経済に沸いた1980年代後半を訪れ、当時空前のブームとなった「SIS（戦略情報システム）」を振り返ります。

> **図3-1**　｜　先進国の米国ではSISによって大きくシェアを伸ばすだけではなく、ライバルを倒産に追い込んだ会社もある。あなたの隣の会社が着々とSISに取り組み、ある日、気づいたら大きな差をつけられているかもしれない。先手必勝。出遅れは致命傷だ。
>
> 　合理化のためのコンピューター投資と違って、効果を金額で表せないだけに決断には勇気がいる。しかし、立ち止まってはいられない。経営トップであるあなたが明確な目標を定め、全社を引っ張る強力なリーダーシップを持つことが求められている。

　戦略情報システム、略して「SIS」（「シス」と読む人も多かった）という言葉は、今では死語になったと言ってもよいでしょう。ITの専門家でさえ大半は「何それ？」ではないでしょうか。「SIS死す」状態になって久しい今日このごろです。

　1980年代後半は「SIS祭り」の渦中で人々が踊りまくっていた時代でした。日本経済がバブル景気に沸く中で、様々なメディアが「これからはSISの時代だ！」と喧伝し、経済・ビジネス雑誌は毎号決まってSISを取り上げていました。

　雑誌だけではありません。SISという「新経営手法」に関するビジネ

図3-1

出所:日経ビジネス1989年8月14日号 特集「しのびよるSISの脅威 成熟時代を勝ち抜く新経営手法」

ス書も数多く出版されました。そのタイトルからは、当時のSISに対する熱気が伝わってきます。（図3-2）

マイクロプロセッサーとネットワークの登場

　企業におけるコンピューター活用の歴史を振り返っておきましょう。1980年代と1970年代までとの間には大きな溝がありました。1970年代までのコンピューターの主たる用途は文字通りの「計算」で、例えば建築物の構造計算といった分野でした。1968年に三井不動産と鹿島、三井建設が東京の霞が関に新設した「霞が関ビルディング」は、日本初の超高層ビルとして建築史上の金字塔となりました。この背景にはコンピューターの活用があります。耐震性能を解析するための複雑な計算をコンピューターに任せることで、地震に耐えうる超高層が可能となりました。

図3-2

1990年前後に刊行されたSISやネットワークに関するビジネス書の表紙 (写真：杉浦泰)

　企業におけるコンピューターの使い方が大きく変わったのが、1970年代の技術革新でした。ハード面で画期的だったのは、米インテルによる「マイクロプロセッサー」の発売です。コンピューターを組み込んだ製品が世の中に広まり、1980年代までに複写機やロボットなど、多様な分野でコンピューターの応用が進みました。

　1980年代になると、事務分野で「オフィス・オートメーション（OA）」、製造分野で「ファクトリー・オートメーション（FA）」というキーワードが定着しました。いずれもマイクロプロセッサー（マイコン）の登場によって、コンピューターをさまざまな機器に組み込むことができるようになったことがトリガーとなっています。

　もう1つ、1970年代から1980年代を通じてコンピューターの利用に革命をもたらしたのが、ネットワークの発達です。1980年代に電電公社がNTTとして民営化され、これに合わせて企業間ネットワーク「VAN」が整備され、情報ネットワークが急速に発展しました。

　これは今でいうIoT（モノのインターネット）に近似しています。

OA や FA の分野で様々な機器にコンピューターを埋め込み、NTT が提供するネットワークを通じて情報を本社の情報システム部に集めることができれば、これまで分散していた情報を一元的に管理し、企業経営に生かせるのではないかという発想が生まれました。

マイコンの登場と情報ネットワークの整備によって、経営の意思決定ツールとしてコンピューターを活用できる条件が揃いました。これがSIS ブームの技術的な背景です。

「情報システム部門」の設立

一方で、当時の企業経営が置かれていた状況もまた、SIS ブームを加速する方向に作用しました。1980年代後半の日本経済はバブル景気の真っただ中でした。バブルといえば、企業が「財テク」に走ったり、世界中の不動産を買いあさったりというイメージが残っていますが、最新鋭の情報システムもまたこの時期の企業の投資対象として大きなものでした。

日本が経済的に成熟期へとシフトしていた当時、多くの日本の大企業は、本業の伸びが見込めないことに悩んでいました。そこで、社内の子会社として情報システム部門を設立するという発想が出てきます。先端のシステムを導入することによって、社員の雇用を維持し、さらにはそれを事業化していくという目論見です。こうして、大企業の中に「情報システム部門」が次々と新設されました。（**図3-3**）

典型例が新日本製鉄（現・日本製鉄）です。同社は日本一の鉄鋼メーカーでしたが、1970年代のオイルショックによって鉄鋼の需要が頭打ちとなり、厳しい経営を強いられていました。

そこで、新日鉄は従業員の雇用を守りつつ、「優秀な人材の宝庫」といわれた社員のポテンシャルを引き出すために、1980年代にいくつもの新規事業に手を出します。その1つが、情報システム子会社の設立でした。1980年に「日鉄コンピュータシステム」が発足し、本業の鉄鋼

図3-3

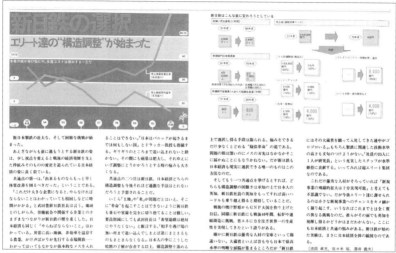

出所：日経ビジネス1987年3月2日号 特集「新日鉄の選択 エリート達の"構造調整"が始まった」

とは違う分野に参入したのです。

　もう1つの重要な背景は規制緩和です。SISが本格的なブームになったのは1980年代後半ですが、「情報を企業経営に結びつける」という切り口が注目を浴び始めたのは1982年ごろです。

　日経ビジネスは1982年12月27日号で、「新『情報資本論』」という特集記事を掲載し、情報活用が企業経営にとって重要であることを指摘しました。

　　図3-4 ｜ コンピューター・通信技術の進歩、データ通信回線の自由化などで、情報の流通媒体が急拡大。情報資本の活用の巧拙が今後、企業に"剰余価値"を、そして"相対的窮乏化"をもたらす。

　現在の通信分野は規制緩和が進み、さまざまな民間企業が参入し競争していますが、1980年代までの通信業界はNTTの前身である国営企業、電電公社が独占していました。1970年代ごろから国内における電電公

図3-4

出所：日経ビジネス1982年12月27日号　特集「新『情報資本論』見えざる経営資源が決める企業間格差」

社の独占体制への批判が強まり、1972年の第1次通信回線の開放を経て、1982年に2度目の規制緩和（第2次通信回線開放）が行われます。

　1970年代までの電電公社の独占時代、通信コストは高止まりしていました。規制緩和による異業種の参入に光ファイバーの実用化といった技術進歩も重なり、この時期に通信コストが大きく低下したのは企業にとって大きなチャンスでした。

　東京三鷹にある電電公社の研究所で生み出される新技術に注目が集まり、当時の日経ビジネスが「夢と不安の三鷹・武蔵野狂奏曲」（日経ビジネス1983年11月28日号　特集「INS－企業・社会に何が起きるか」）と見出しを打つほどの熱気を呈していました。「これからは情報通信だ」という同時代の空気が醸成され、1980年代後半のSISブームにつながったのです。

SISの成功事例

　1980年代にSISの先駆的事例として注目を集めたのが、ヤマト運輸、花王、セブン‐イレブンの3社です。いずれも情報システムを武器に長期的な競争優位を確立した成功事例です。この頃に出版されたSISに関する書籍は、ほぼ必ずこれらの企業をモデルとして取り上げていました。

ケース1：ヤマト運輸

　図3-5 ｜ 宅配便市場で快走してきたヤマト運輸の躍進の秘密は、利益の確保を二の次に、あくまでも顧客の利便性を追求してきたからだ。この結果、輸送（物流ネットワーク）、情報（VAN）、決済機能（代金回収代行）を持つにいたり、今後の流通革命の主役になる可能性を秘めた企業グループに成長した。

図3-5

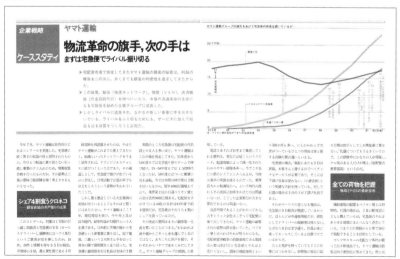

出所：日経ビジネス1987年11月9日号 ケーススタディ ヤマト運輸「物流革命の旗手、次の手は」

1970年代までのヤマト運輸は、BtoBを中心とする荷物輸送が中心で、百貨店の三越（現・三越伊勢丹）などの企業が得意先でした。ところが、1970年代後半にヤマト運輸は、一般消費者向けの新しい物流サービス「宅急便」を開発し、急成長を遂げます。

　今では生活インフラになった「宅急便」ですが、日本全国から荷物を集め、日本全国に荷物を配達するには大量の情報の精緻な管理が不可欠でした。ヤマト運輸は「宅急便」の事業開発の過程で物流情報システムを自前で構築しています。

　注目すべきこととして、情報通信が脚光を浴びるはるか以前、オイルショック直前の1973年にヤマト運輸は子会社「ヤマトシステム開発株式会社」を設立し、1980年ごろからコンピューターの本格的な活用に乗り出しています（**図3-6**）。

　SISブームが絶頂期を迎えていた頃のヤマト運輸の情報活用は、当時の最先端をいくものでした。宅急便ドライバー向けのポータブル端末を2万台設置し、これらを各営業所に配置された1600台のコンピューター（ワークステーション）に接続することで、荷物の最新情報や売上高の情報を一元的に管理していました。本社のホストコンピューターがこれらのデータを集計することで、現場の状況をいち早く把握するシステ

図3-6

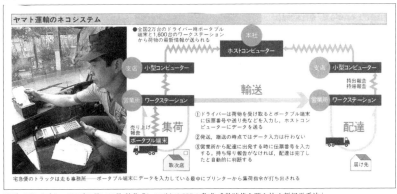

出所：日経ビジネス1989年8月14日号 特集「しのびよるSISの脅威 成熟時代を勝ち抜く新経営手法」

ムがフル稼働していたのです。ヤマト運輸の荷物に関する情報量と処理能力は同業他社を圧倒していました。

　一方、西濃運輸などの競合各社はITの活用に出遅れます。1984年に西濃運輸はVANシステムの子会社を設立、1990年には挽回を期すために日本IBMと組んで「SIS」を導入すると発表しましたが、この投資がその後の競争優位に結びついた形跡はありません。

> 　結局、ネットワークの構築には成功したものの、猫も杓子もVANに乗り出した中で、セイノー情報のVAN機能そのものを利用してもらい、併せて物流需要を開拓するというシナリオは成立しなかった。
>
> 出所：日経ビジネス1990年6月18日号 企業戦略「西濃運輸−VANの誤算、SISでリカバー狙う」

ケース2：花王

> 　最近、SIS（戦略情報システム）が大変ブームである。企業の内外で多くのSISセミナーが開催され、書店でもSISに関する書物が目立って増えている。また、SISは大規模なネットワークであり、わが社とは無縁と考えていた中堅、中小企業も、SISの構築に本腰を入れ始め、今や大企業から、はては地方のミニスーパーまでが情報武装の必要性を説く時代となった。
>
> 　そうした中、SISのトップランナーとして熱い注目を集めているのが花王である。ここ数年、毎年のようにヒット商品を世に送り出し、急速に業績をあげているこの企業の好調ぶりは、その卓越した情報システムを抜きにしては語り得ない。
>
> 出所：『SISで突っ走る花王のすべて』（ぱる出版）

> 　情報システムを経営の中核に据えて「情報経営」を行い、業績を伸ばしてきた企業に花王がある。花王は徹底的に情報を活用し、ま

た情報がフルに生かせる体制を整えることによって、ライバル企業に差をつけてきた。花王は情報システムを単純に省力化の道具として考えるのではなく、最初から経営戦略の要として据えてきた珍しい企業の一つである。

出所:『驚異の戦略情報経営システム「SIS」のすべて-コンピュータ経営"第4の波"とは何か』(PHPビジネスライブラリー)

今でこそ花王は日本を代表する日用品メーカーですが、1970年代の花王の売上高と利益額は、競合のライオンと拮抗していました。花王の快進撃は、小売業の台頭という環境変化を逆手に取ったことに始まります。

当時、ダイエーなどの総合スーパーが急成長を遂げ、製造業と小売業の間で価格決定権をめぐる激しい攻防が繰り広げられました。ダイエーが松下電器産業(現パナソニック)のテレビを安売り販売するなど、価格決定の主導権が小売業にシフトしつつありました。

そこで、花王は販社制度の確立を急ぎます。従来は問屋を通じて商品を小売業に卸していましたが、花王は問屋経由ではなく、販社経由で小売店に商品を流すことで、価格決定権を確保する戦略へと舵を切りました。

同じ時期に、同業のライオンは長年の関係がある問屋との取引を強化する道を選択しています。日用品業界での戦略の違いが表面化しました。1960年代から花王は全国各地に地元資本との共同出資による販社を設立し、問屋依存からの脱却を急ぎます。

花王の販社制度のもう1つの狙いは、売れ筋商品や在庫を定量的に把握し、販売情報をダイレクトに吸い上げることにありました。1972年には花王は販社にコンピューター(当時の言葉で「オフコン」)を導入し、本社と販社を情報ネットワークで結びます。1970年代に情報ネットワークを構築する企業は珍しく、花王は日用品業界で情報活用のパイオニアとなりました。

その後も花王は積極的なIT投資を続けます。1970年代の花王の情報活用はアナログなやり方で、花王のセールスパーソンが訪問した小売店

から発注伝票を受け取り、その後、事務担当者がデータをコンピューターに入力するという手間をかけていました。

そこで、花王は情報ネットワークを合理化するために、1980年代を通じて電子発注システム（EOS）に投資し続けます。1983年には、「ハンディーターミナル」という端末を持った営業員が小売店を訪問して各種データを端末に読み込み、本社に持ち帰ってデータを集計するというところまでシステムが洗練されました。

花王は1979年からパーソナル・コンピューターを15台導入しています（花王石鹸システム開発部著『花王のパソコン社内革命』）。今でこそ、パソコンは当たり前すぎるほど当たり前の仕事の道具ですが、パソコンのビジネスでの活用がほとんどなされていない時期に早くも導入に踏み切っていることは注目に値します。

パソコンそのものは1970年代後半に米アップルなどが販売していましたが、どちらかというと趣味的なイメージが強く、せいぜい個人が「ゲームをする機械」という位置づけでした。1981年に米IBMがビジネス用のパソコンを発売し、パソコンのビジネスでの利用が始まる契機となりましたが、花王はパソコンの黎明期から業務に活用していた例外的な存在でした。

1982年ごろまでに花王は全社で100台のパーソナル・コンピューターを導入しました。次の日本経済新聞の記事は1980年のもので、IBMが「IBM PC」を発売する1年前のことです。

　　最近、パーソナル・コンピューターは徐々にビジネスの分野でも使われるようになってきた。中小企業の従業員にたまたま愛好者がいて、給与計算、在庫管理などに利用しているところがある。また大企業でも会社ぐるみでパーソナル・コンピューター導入を進め、個人や各部課で専用に使うところが出てきた。その1つが花王石鹸だ。

　　花王石鹸では去年（昭和54年）11月以来、システム開発部が中心となって15台のパーソナル・コンピューターをオフィスに導入し、

各人がコンピューターを使えるような体制づくりを目指している。
社内各部署に散らばる愛好者が中心となり、次々と新しいプログラ
ムを開発し、仕事で実用化した。

出所：日本経済新聞1980年7月31日夕刊

　1980年代から1990年代にかけて、小売店から獲得した各種データを
実際の経営に生かすために、物流システムや、商品開発に活用する体制
がさらに洗練され、花王は日本を代表する日用品メーカーへと脱皮しま
した。1970年代から蒔き続けた種が1980年代に開花し、1980年代後
半にSISがブームになると、改めて成功事例として注目されたという成
り行きです。

ケース3：セブン-イレブン・ジャパン

図3-7 ｜ セブン-イレブンは各種商品情報を立体的に表示するグラ

図3-7

出所：日経ビジネス1985年12月9日号 ルポ・企業は挑む「セブン-イレブン・ジャパンのPOS-在庫ゼロ、品切れゼロを狙う」

フィック・パソコンを全店に導入、POS システムを拡充した。オーナーは画面を検索して需要予測を打ち出し販売戦略を練る。

　在庫ゼロ、品切れによる機会損失ゼロという困難な課題に挑戦するためだが、システムが目的に対して有効に機能するには、同社がこれまで否定してきた"商人の勘"が必要となる。

　1970年代後半にセブン-イレブンは出店スピードを上げて、ローソンなどの競合他社に対して優位に立ちます。セブン-イレブンは膨大な店舗数を擁する小売業となり、店舗運営やバックエンドにおいて効率的なオペレーションを回していく必要性に迫られました。ここでセブン-イレブンは情報システムへの積極投資に踏み切ります。

　セブン-イレブンの情報活用の切り札となったのは、POS（販売時点情報管理）です。今ではPOSレジは当たり前の存在ですが、1970年代までのレジはネットワークからは隔離された存在でした。当時のレジは会計を正確に処理しつつ、従業員による不正を防止するための機械でした。

　1980年代前半に情報ネットワークが整備されたことを受け、セブン-イレブンはレジの役割と機能を再定義します。単なる不正防止の計算機ではなく、小売り現場の「ネットワーク端末」であり、顧客の購買情報をいち早く察知できる「データ入力端末」だという発想です。

　セブン-イレブンがこのような役割を持つものとして情報端末に注目したのは非常に早く、1978年に発注システムを大きく変え、NECに開発を依頼したオリジナルの「発注端末機」を店舗に導入しています。各店舗の店主がパソコン端末を通じて発注することが可能になり、セブン-イレブンはコンビニ業界で情報活用の先駆者となりました。

　　情報システム化はセブン-イレブンの創業当初からの懸案だった。四年目に入ると店舗数は三百を超えた。商品数は全部で三千品目にも及ぶ。電話と手作業による受発注ではとても対応できない。チェーン店の発注のシステム化という世界初の試みに挑戦することにな

った。

　大手電機メーカーを一社一社訪ね、発注のシステム化を打診するが前例のない試みにどこも難色を示す。唯一応諾してくれたのが日本電気だ。初めはファックスを使う方式を考えたが、「それでは必ず限界が来る。発注データ電送を検討すべきだ」と助言してくれたのは当時の常務、後に社長、会長として手腕を振るう関本忠弘さんだった。

（中略）

　アメリカではPOSは主にレジ打ちの間違いや不正防止が目的で、マーケティングへの活用は世界初だったと後に知った。

図3-8

1974年に東京・江東にオープンしたセブンイレブンの第1号店

出所：鈴木敏文著『挑戦 我がロマン』（日本経済新聞出版社）

　1982年の秋にセブンイレブンはPOSを導入します。POSの導入によって、セブンイレブンは売れ筋商品という貴重な情報をリアルタイムで把握することができるようになり、メーカーに対する発言力を徐々に増大させていきます。セブンイレブンによるコンビニという業態の創造は情報システムなしにはあり得ませんでした。こうした成功が1980年代後半のSISブームの中で遡及的に注目されたというわけです。（**図3-9**）

図3-9

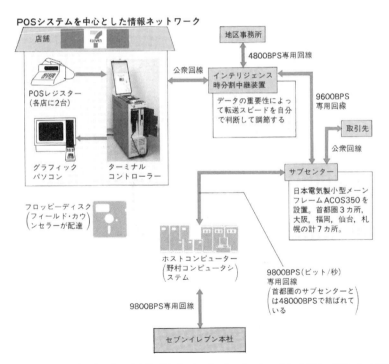

出所：日経ビジネス1985年12月9日号 ルポ・企業は挑む「セブン−イレブン・ジャパンのPOS−在庫ゼロ、品切れゼロを狙う」

ブームの収縮

図3-10 ｜ ビジネスの場で一大ブームを巻き起こしている SIS（Strategic Information System 戦略情報システム）。飲み屋で話題にのぼり、入社試験の問題にも登場した。分かるようでよく分からない言葉であるがゆえに、かえってビジネスマンの知的興味をそそっているようだ。

ブームの発端となったのは、出版業界のSIS狂騒劇。昨年後半から、十指にあまる書籍が発売され、書店にずらりと勢ぞろいした。成功例として登場する企業はあいも変わらず、花王やヤマト運輸などのおなじみさんばかり。内容はみな似たりよったりである。

にもかかわらず、「知らないと恥をかく」とか「企業生き残りの最低条件」といった刺激的なタイトルがビジネスマンをひきつけ、

図3-10

出所：日経ビジネス 1990年9月24日号 深層「SISは早々に『死ス』？『戦略情報システム』ブームの虚と実」

ビジネス書ベストセラーの上位をたびたびにぎわした。どの程度、読者に理解されたか知るよしもないが、出版界がブームの端緒を開いたことは確かである。

　既にブーム絶頂期の1990年に日経ビジネスは過熱するSISブームに警鐘を鳴らしています。書店にSIS関連の本がずらりと並び、飲み屋街でもSISの話が飛び交う。にもかかわらず、SISという言葉の中身を多くの人が理解していないという状況でした。

　1990年、SISのサプライヤーの側にいたNECは、15秒の枠内でひたすら「SIS」というキーワードを連呼するテレビCMを流しました。タレントの田原俊彦氏を起用したこのCMは話題づくりに成功し、対抗するコンピューターの各社も様々なキャッチフレーズを繰り出しました。NECは「SISはNEC」、富士通は「KシリーズでSIS」、東芝は「東芝のSIS」、三菱電機は「速攻SIS、三菱のSIS」といった具合です。

　ところが、SISブームは早くも1990年代前半に終わりを迎えます。バブル経済の崩壊以降、各社ともSISのような費用対効果のあいまいな分野に投資をためらうようになりました。バブル崩壊の後遺症が長期化する中で、徐々に情報システム部門はコスト削減の対象となり、前章で見た1990年代後半のERPブームの布石になったのです。

戦略が先、ITは後

　花王、セブン‐イレブン、ヤマト運輸はSISブームの時代に脚光を浴びました。しかし、その経緯をたどっていくと、いずれもブームを受けて情報システムに投資をしたわけではなく、ブームのずっと前から**戦略的な必然性**をもって情報システムづくりに取り組んでいたということが分かります。

　各社とも1970年代から1980年代初頭に情報システムを段階的に企業経営に導入し、実質的な成果を上げていました。現実の商売の競争力を

強化する上で、もっとも有効な手段として情報システムを強化し、それが事後的に1980年代後半に「SIS」という名前をまとって紹介されたというのが実態です。

ブームの最中に注目される成功事例というのは、だいたいがこういうものです。ごく最近の例でいえば、ネットフリックスです。現在のネットフリックスは "グローバル・インターネット・テレビ" のパイオニアとしてその地位を確立し、全世界で契約者を増やし、コンテンツ配信のみならず、独自コンテンツの制作でも他社を圧倒しています。ネットフリックスはエンターテインメント業界の競争構造を一変させました。

その競争優位の正体は、よく知られているように、膨大な顧客の利用データにあります。誰が、どこで、何時に、何時間、どういう映画を見ているのか。どのシーンを早送りし、どの俳優を贔屓にしているのか。ビッグデータとアルゴリズムを駆使することによって契約者の行動を高い精度で予測します。従来の映画制作が出たとこ勝負のジャンケンとすれば、ネットフリックスは後出しジャンケンをしているに等しい──というわけですが、これはあくまでも現在の「でき上がった姿」です。

1997年の創業から本格的なコンテンツストリーミングサービスが始まるまでの10年近くにわたり、ネットフリックスはただの「郵便DVDレンタル屋」でした。「コンテンツ帝国」どころか、DVDレンタルという「古い業界」の「新しい会社」にすぎなかったのです。

当時、DVDレンタル業界を支配していたのは米ブロックバスターでした。実店舗のネットワークを全米に張り巡らしたブロックバスターに対抗するネットフリックスにとって、ユーザーの利用状況と好みを知ることは最重要課題でした。

ユーザーは当然のことながら新作の人気映画を借りようとします。ところが仕入れ力とネットワークの点で圧倒的な劣位にあったネットフリックスは、新作を十分にそろえて貸し出すことができません。そこで、何とかして旧作にユーザーを誘導しなければなりませんでした。そのためにはユーザーの行動についてのデータがどうしても必要になります。ユーザーの利用状況データの収集と蓄積は、ネットフリックスにとって

切実な課題だったのです。

　技術が進歩し競争環境が変化する中で、ネットフリックスは戦術的な後退や転進を繰り返し、ついに業界王者の地位につきました。しかし、戦略のコンセプト——いつでもどこでも好みのコンテンツを簡便に見ることができる——と、それを実行するための基本戦略は全くぶれていません。ただのレンタル店だった当初から社名は「ネットフリックス」だったのです。

　「データ資本主義」の名のもとに、経営におけるビッグデータの重要性が叫ばれる今日、ネットフリックスは必ずといっていいほど参照される成功事例です。しかし、です。競争優位は一日にして成らず。現在の華々しい成功の背後には、長い時間軸をもった戦略ストーリーがあります。ネット配信前夜にネットフリックスの戦略と競争優位の全てがあったといっても過言ではありません。裏を返せば、この時期を知らなければネットフリックスの本当の強みは分かりません。

　花王、セブン‐イレブン、ヤマト運輸の事例にしても、3社に共通しているポイントは、明確な意図を持った戦略が情報システムに先行していたということです。この「**戦略が先、IT は後**」という順番が大切です。

　商売の目的はつまるところ**長期利益の獲得**にあります。情報システムへの投資に先行して、長期的に稼ぐ力をつけることを目的とした戦略がこの3社にはありました。花王にとっては台頭する小売業者（スーパー）に対する交渉力の獲得、セブン‐イレブンにとっては、小商圏に分散した多数の店舗が単品ごとにそれぞれの商圏に合った発注をできる体制、そしてヤマト運輸では宅配便という全く新しい事業への転換——。こうした戦略的な意図からして、上述したような情報システムは切実にして必要不可欠なツールでした。

　要するに、戦略が先にあって、それを実行するために情報システムが「**どうしても必要だった**」のです。情報システムの時間的な先行性よりも、このことのほうがよほど重要です。

　戦略が要請する切実なニーズがあれば、現場でも情報システムの活用が進むのは必然的な成り行きです。訪問した小売店から発注伝票を受け

取り、データをコンピューターに入力するという手間をかけていた花王のセールスパーソンにとって、ネットワークでつながったハンディーターミナルやパソコンのシステムは、日照り続きの後の恵みの雨のようなものだったに違いありません。

　一方で、SISブームの渦中で「バスに乗り遅れるな！」とばかりに、「戦略情報システム」を導入した企業には失敗したところが少なくありません。ここに「同時代性の罠」の典型的な発動メカニズムを読み取ることができます。

　確たる戦略的な意図なしに、「何かいいことがあるんじゃないか」と飛び道具の匂いがするものに飛びつく。そもそもバスがどこに行くかを知らないで乗り込んでいるわけです。しかもバスのハンドルを握っている運転手はSISを売り込むベンダーです。**「飛び道具トラップ直行便」**になるのは当たり前です。経営者自らがバスの目的地を明確に定め、運転手としてハンドルを握っていた花王やセブン - イレブン、ヤマト運輸とはまるで違います。

　飛び道具トラップという同時代性の罠には、飛び道具を提供する側の影響もあります。次章では「飛び道具サプライヤー」について考察しましょう。

第 4 章 「飛び道具サプライヤー」の 心理と論理

　飛び道具トラップが発動する背後には、飛び道具そのものの提供をビジネスとする企業、すなわち**「飛び道具サプライヤー」**が深く関与しています。彼らにとって最新の「飛び道具」は商機であり商品そのものです。サプライヤーが飛び道具をあおるのは必然的な成り行きです。

　これまでみてきた IT ツールの例でいえば、その導入の成否は、企業の経営の質はもちろん、導入のタイミングや外部環境に左右されるところが大きく、不確実です。しかし、一方の飛び道具サプライヤーにしてみれば、顧客が ERP や SIS の導入を決定した時点で確実に売り上げが発生します。飛び道具がブームになれば、サプライヤーは最も「おいしい」ポジションにあります。

　この章では、タイムマシンに乗って SIS ブームのさらに以前に遡り、「ベストプラクティス」のサプライヤーがブームを誘発するメカニズムを考察します。事例として取り上げるのは、1980 年前後に経営コンサルティング業界で急速に地位を確立したマッキンゼー・アンド・カンパニー日本支社です。

「組織改革」という飛び道具

図4-1 教科書不在の組織改革。混迷、未踏の時代に突入したいま、企業が取り組む組織改革には、これといった手本はない。自社の組織ニーズをしっかりつかみ、それを具体化するノウハウを自ら考え出すしかない。オイル・ショック、低成長と打ち続く環境変化に対応するには内部体制を変革しなければならない。多くの企業はいまそのただなかにある。減量経営を乗り越えて明日を切り開こうとする各社の必死の動きをケーススタディするとともに、組織に関する

図4-1

出所：日経ビジネス 1977年9月26日号 特集「明日を創る組織-活性化のためのケーススタディ」

主要382社トップの意識を探ってみた。

（中略）

　米国式組織技法の直輸入や他者のものまねでも通用した時代から、自社型組織づくりの時代へ──。昭和48年（1973年）のオイル・ショックを機に、企業の組織改革に取り組む姿勢はかつてない真剣味を帯びてきた。台風下の荒海を乗り切るには企業丸の乗組員は、一致団結して機動的、効率的に動かなければならないからである。

　1970年代後半は、「組織改革」というキーワードがメディアを席巻していた時代でした。日経ビジネスは特集記事で「組織改革」に関するテーマを数多く掲載しています。

　図4-2 | コンピューターに対する風当たりが強くなっている。もちろん、アポロ以後、強まってきた科学技術に対するきびしいアセス

図4-2

出所:日経ビジネス　1971年9月20日号 特集「コンピューターはこの苦難期の経営を救えるか」

メント（再評価）もその背景にある。そうしたなかでコンピューターは、いわば"落ちた偶像"ともいえる。企業経営のなかでも、「コンピューターは期待した効果をあげているのか」という漠然とした疑問が広がっている。

　だからといって、経営のなかでコンピューターを無視することは、いまさらできない。コンピュータリゼーションは、いま、一度は通過しなければならなかった試練にぶつかっているのだ。こうした試練をテコに、経営のなかのコンピューターは次の飛躍を遂げなければならない。

　現在の文脈で「組織改革」というと、生産性向上のための「働き方改革」や、ITを活用したDX（デジタルトランスフォーメーション）を連想します。しかし、1970年代前半にはコンピューターやITを経営に応用するという発想はほとんどありませんでした。そもそもパソコンが

ビジネス向けに実用化されていない時代で、大半の人にとってコンピューターとは「大きな箱に入った自分とは無関係の機械」でした。その価格も非常に高く、素人が手出しできるものではありませんでした。

1964年に米IBMが「System 360」という汎用機を発表してベストセラーとなりますが、この時代のコンピューターの仕事は、迅速に計算を行うことでした。例えば、従業員が何千人もいる企業の給与計算や、何千万人もいる株主への配当計算など、従来は人間がそろばんを片手に行っていた計算業務という人海戦術をコンピューターに置き換えることが、企業の経営合理化につながるものと期待されました。

この意味でのコンピューターは高度成長期の日本でも積極的に導入され、そろばんを使った人海戦術の事務作業を駆逐しました。1970年代初頭までに「コンピューターが経営に役立つ」という期待感はいったん冷え込みます。

この反動もあって、1970年代の経営改革でコンピューターが意識されることはそれほどなく、コンピューターのスペシャリストの需要も低迷すると考えられていました。1971年の日経ビジネスで「コンピューター要員の処遇は4〜5年後に大問題になる」とリポートした記事は、この時代のコンピューターに対する期待の冷え込みを象徴しています。

図4-3 │ 経営合理化の"切り札"として、コンピューターはこの10年の間に産業界に急速に普及した。わが国のコンピューター保有台数はいまや、米国に次いで世界第2位。こうしたコンピューターの急速な普及に伴って、新しく生まれた職業集団がコンピューター・スペシャリスト。システム・デザイナー、システム・アナリスト、プログラマーなどと呼ばれる人たちだ。

経営にコンピューターを導入し、EDP（エレクトリック・データ・プロセッシング）化を進めることは、企業にとっての"至上命令"。こうしたコンピューター・スペシャリストの役割は、ますます重要になり、彼らが"花形職業"ともてはやされる度合いもますます高

図4-3

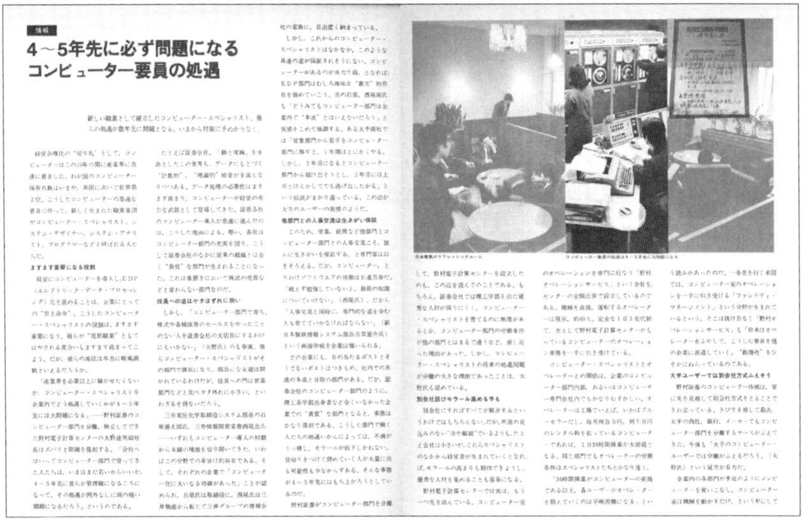
情報

4～5年先に必ず問題になる
コンピューター要員の処遇

出所：日経ビジネス1971年5月31日号 情報「4～5年先に必ず問題になるコンピューター要員の処遇」

まってこよう。だが、彼らの地位は本当に順風満帆といえるだろうか。

1970年代の日本企業における重大な課題は、ニクソンショック（円高・ドル安）とオイルショックという２つの環境変化への対処でした。経済メディアもこれらの問題が日本企業に与える影響を連日大きく報道しました。

終戦直後（1949年）から1971年までは、1ドル＝360円の固定相場制が続きました。日本の製造業企業は国内の労働力を安い賃金で確保し、製品を欧米に輸出することで国際競争力を獲得しました。1960年代に合成繊維、造船、鉄鋼といった各産業が国際競争力を獲得できた1つの理由は、国内の安い人件費にありました。これは1990年代以降、中国が安価な労働力で「世界の工場」として台頭したのと相似形にあります。

当時の日本企業にとって、円高・ドル安は青天の霹靂でした。1971年に米国のニクソン大統領は金とドルの交換停止を発表し、円高・ドル

安に移行することが確実となりました。輸出に大きく依存する日本企業にとっては国際競争力喪失の危機です。

　円高・ドル安の脅威に1973年10月に起きたオイル・ショック（第1次）が追い打ちをかけます。第4次中東戦争の勃発により石油価格が高騰し、日本企業は「人件費高騰」に加え、「石油価格の高騰」という二重苦を背負う形になりました。原油はあらゆる製造業が生産活動において必要とするため、原材料の高騰は、そのまま日本企業の競争力低下に直結します。

　ただし、円高・ドル安の進行は、日本企業にとってプラスの側面もありました。日本企業の海外進出が容易になったということです。1960年代の日本人にとって、米国などの先進国の物価は極端に高く、海外に駐在する日本人のビジネスマンはひもじい思いをしていました。円高・ドル安により、海外での事業展開のコストが相対的に下がり、「国際化」が企業経営のキーワードとして前面に出てきます。日本企業は海外に活路を見いだし、積極的に海外進出を図ります。

　もう一つの時代のキーワードが「多角化」でした。1960年代までの高度経済成長期は、ほとんどの産業で需要が自然に伸びるという状況で、本業一本やりの成長が可能でした。しかし、1970年代後半に入ると2つのショックの余波もあり、本業の売り上げが頭打ちになります。

　1960年代に大量に採用した社員を抱える大企業は、終身雇用が前提となっているためリストラも難しく、新しい成長戦略を必要性としました。そこで多くの経営者が選んだ道が「多角化」でした。

　高度経済成長下でのイケイケドンドンの経営に慣れ親しんでいた日本の大企業が国際化・多角化という新しい方向へと舵を切るのは困難でした。ここに至って注目を集めたのが「組織改革」です。国際化・多角化という企業の根本を変える戦略を遂行するためには、そもそも組織のあり方から手をつけなければならない——。こうして生まれたのが、1970年代後半の「組織改革ブーム」でした。

「組織改革」を主導したマッキンゼー

このブームの中で、日本のコンサルティング業界で名声を確立したのが、1980年前後の「組織改革」のプロジェクトで頭角を現したマッキンゼー日本支社です。

コンサルティングという無形のサービスでは、何よりも「実績」と「名声」が重要で、これがフィー（報酬）を大きく左右します。信頼を確立してクライアントを獲得するには実績が必要になります。コンサルティング会社は「実績を積まなければ受注できないが、初めは誰も実績がない」というジレンマを抱えてスタートする宿命にあります。

マッキンゼーが日本でこの難題を乗り越え、ブランドを確立できた最大の契機は、住友銀行の「組織改革プロジェクト」の成功でした。

図4-4 ┃ 利潤最大化の原理に忠実に従う住友銀行の発想は、極めて単純明快である。様々のしがらみや世間的な常識にとらわれない強みがそこから生まれる。

（中略）

ムードに流されず、今、何をなすべきか「最長3年」の射程距離で効率よくパンチを繰り出す。それが銀行業界一の経常利益1572億円（昭和61年3月期）を生む。

これを支えているのが、銀行全体をうって一丸のテンション集団にかえる巧妙な人事政策と独特の風土だ。

1980年代後半の住友銀行の勢いはすさまじく、記事にあるように「テンション集団」と評されました。この時期の積極的な融資が裏目となり、バブル崩壊後の住友銀行は膨大な不良債権に苦しむことになりますが、1980年代の住友銀行の「攻めの融資」は銀行業界の模範とされていま

図4-4

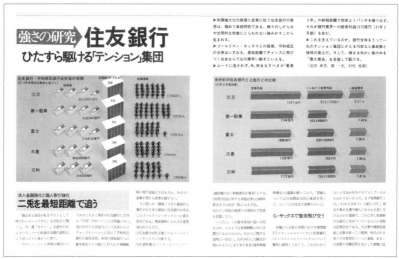

出所：日経ビジネス 1986年10月13日号 特集「強さの研究 住友銀行」

した。

　当時の住友銀行の強さをもたらした重要な要因として、1980年前後のマッキンゼーの助言に基づいた組織改革があると考えられていました。積極融資や海外進出を見据えた体制に組織を改革することで、住友銀行の組織は活力を得たというのが世の中の認識でした。

　組織改革以前の住友銀行は、それほど成功した銀行とは言えませんでした。1970年代後半に住友銀行の融資先である東洋工業（現マツダ）や安宅産業といった大企業が経営危機に陥り、住友銀行も手痛い損失をかぶったからです。だからこそ、住友銀行のトップは、過去と決別するために大胆な組織改革に踏み切ったのです。

　組織改革を進めるにあたって、住友銀行はマッキンゼーという外部の力を使うことにしました。これは当時としてはユニークな選択でした。マッキンゼーが関与した米金融機関の組織再編のノウハウを評価した住友銀行は、同社とコンサルティング契約を結び、数カ月間にわたる組織改革プロジェクトをスタートさせます。

　マッキンゼーは住友銀行に対して破格のコンサルティング料金を要求します。当初は迷った住友銀行ですが、組織改革を最重要課題に据え、最終的にマッキンゼーに高額のフィーを支払うことで合意しました。

　本来、コンサルティング業界では守秘義務の関係でプロジェクトが表に出ることはありません。ところが、このプロジェクトが画期的な出来事だったせいか、住友銀行の組織改革でマッキンゼーが何を提案したのか、その詳細が住友銀行の社史「住友銀行史：昭和五十年代のあゆみ」に公表されています。

　この記録によれば、住友銀行がマッキンゼーに出した課題は「邦銀中最強の収益体質をつくりあげるにはどうしたらよいか」でした。1978年3月にマッキンゼーは住友銀行からプロジェクトを正式に受注します。4月下旬に住友銀行6人とマッキンゼー4人によりプロジェクトの検討を開始し、最終報告として具体的な組織改革案が提示されました。従来の機能・職能別ではなく、顧客マーケットを意識した組織編成（国際、大法人、国内業務）とし、これらの本部と並ぶ位置付けとして企画本部を新設するという案でした。

　最終報告を受けた磯田一郎頭取（当時）は1979年3月に組織改革を決断し、各部署との調整を経て7月2日に住友銀行は新しい組織体制「総本部制」を導入して組織改革を完了します。磯田頭取は組織改革にあたって訓示を述べましたが、それは決して楽観的なものではありませんでした。

　　私はマッキンゼーに依頼してから今年の年初まで約1年間、終始迷っておりました。（中略）それは、風俗、習慣、価値観、職業観、そして銀行の置かれた環境がまるでちがうアメリカのコンサルタントに、はたして日本の銀行の実際の姿がよく理解できるかと。さらに、ある意味では極限まで定型化され、完成された日本式の経営を根本的に改めて、日本という土壌の中で飛躍的に当行を発展させる確信が、本当に彼らにあるのかと。実は、この点はいまだに私にはわかりません。

図4-5

出所:日経ビジネス　1980年2月25日号　編集長インタビュー　磯田 一郎氏(住友銀行頭取)　「銀行も情報産業、顧客志向でニーズに対応」

　私が両三回さしで長時間話し合ったときの印象からいえば、この点については彼らもやや頼りなげなところがございます。しかし、私はこれでいいと。かような大事を他人の意見をうのみにして実施するわけではありません。しかし、それだからといって彼らの努力を軽視するつもりはありません。

(中略)

　段階的実施も考えられるという注釈もついておったわけであります。しかし、私はそれでもなお不安でありました。踏ん切りがつかなかったわけです。最後に、合議役員に総本部長というトップに立っていただくことに決めて、初めてゴーの決意を固めた次第であります。

出所:磯田頭取（新組織発足時の訓示）「住友銀行史」より

図4-6

出所：日経ビジネス1986年12月22日号　シリーズ・人　大前研一氏（マッキンゼー日本支社長）　「日本的しがらみ振り切る 研ぎすまされた理屈と美学」

　住友銀行は組織改革プロジェクトの完了後、数年で業績を改善し、邦銀収益ナンバーワンという輝かしい成果を手にします。磯田頭取は1982年に米国の専門雑誌で「Banker of the Year」に選出されています。組織改革プロジェクトは成功とみなされ、裏方であったマッキンゼーの評判が日本でも一気に高まったのです。マッキンゼー日本支社の経営を軌道に乗せた大前研一氏は、「大手町のスーパーマン」と称されました（**図4-6**）。

　マッキンゼーが得意とする組織改革は多くのクライアントから頼りにされるようになりました。この時期にマッキンゼーが業績を大きく伸ばしたことはいうまでもありません。

ブームは去り、サプライヤーは残る

　1970年代後半の組織改革ブームは、1980年代を通じて徐々に沈静化します。ひとつの要因は1990年代のバブル崩壊です。1980年代に日本企業で盛んだった多角化による新規事業の大半が芳しい成果が得られずに頓挫し、逆に大きな負債に化けてしまいました。1990年代の経営の潮流は「合理化」や「リストラ」に反転し、ERPなどのITを活用した合理化が経営の主要なテーマになったことはすでに見た通りです。

　もう一つの要因は、2000年代以降の経営におけるITの活用です。ITによって柔軟なレポーティングやコミュニケーションが可能になった現在では、組織の形をうんぬんする「組織改革」は過去のものになった感があります。

　組織改革のブームは1980年代に収縮しましたが、「マッキンゼー」は現在でも強力なブランドであり、依然としてクライアントからは高く評価されています。飛び道具サプライヤーというポジションの競争優位には相当に強固なものがあります。

　飛び道具サプライヤーの強みは、クライアントとの間の非対称性にあります。コンサルティングを依頼するクライアントにとって、その案件は一回限りのものです。しかし、コンサルティング会社はその案件で様々な知識や知見を獲得し、それを自社内に蓄積することができます。この蓄積がさらにサービスの質を上げるので、同様の助言を欲しがる顧客が次々に現れます。コンサルティング会社は「ベストプラクティス」を提供することが商売そのものですから、喜んで同種のプロジェクトを引き受けます。コンサルティング会社に悪気はなくても、結果的に飛び道具トラップを誘発してしまうのです。

　コンサルティング会社には守秘義務がありますから、特定のクライアントの内部情報は他社には伝わらないでしょう。それでも、クライアントからしてみれば、この成り行きによって他社が同等かそれ以上の質のソリューションを手に入れてしまうということを意味しています。繰り返しますが、戦略の本質は他社との違いをつくることです。多くの会社

が強力なサプライヤーから知恵や施策の供給を受ければ、違いがなくなってしまい、競争優位も喪失してしまいます。

　本章ではコンサルティング会社を一例として取り上げましたが、このほかにもさまざまな飛び道具サプライヤーが存在します。ERPのSAPやオラクル、SISを売り込んだシステムベンダーもまたそうでした。1章で見たサブスクリプションのブームであれば、その決済を支えるシステムの提供者が飛び道具サプライヤーとなります。現在進行中のDXブームでいえば、さまざまなITやシステムのベンダーが「DXソリューション」という売り物に磨きをかけ、顧客企業のDX担当者を虎視眈々と狙っています。

　メディアもまた飛び道具サプライヤーの一角にあります。その時点で注目を集めそうな「バズワード」を提唱し、ある言葉が廃れたら別の言葉を前面に出す。この繰り返しを商売の基本としています。これまでに取り上げた「サブスク」「ERP」「SIS」「組織改革」は、いずれもそれぞれの時代でメディアから発信されたバズワードでした。

　繰り返しますが、これはサプライヤーが悪いわけではありません。飛び道具をむやみに求め、トラップにはまるユーザーの側に問題があります。メディアにしても、営利活動として情報を発信している以上、顧客のニーズに沿ったコンテンツを提供する必要があります。

　考えてみれば、この本を書いているわれわれも「逆・タイムマシン経営」という飛び道具（？）をせっせと売り込んでいるという意味で、飛び道具サプライヤーの片隅にいるのかもしれません。十分にご注意ください。

　飛び道具を求めるのは古今東西、普遍にして不変の人間の本性です。だからこそ同時代性の罠を意識し、それが作動するメカニズムを理解することが大切です。次章では、これまでの考察に立脚して、どうすれば飛び道具トラップを回避し、罠から抜け出せるかについて考えます。

第5章 | 「飛び道具トラップ」のメカニズム

　第1部の総括として、本章ではこれまで断片的に論じてきた飛び道具トラップのメカニズムとそれが作動する原因を考察します。トラップがどのように生まれ、拡大するのか、その論理構造が分かれば、それを回避するための思考と行動についても手掛かりが得られるはずです。

　第2部以降で詳述するように、飛び道具トラップ以外にも同時性の罠にはいくつかのタイプがあります。その中でも、飛び道具トラップは同時代性の罠の典型にして王様の観があります。飛び道具トラップのメカニズムと回避法は、他のタイプのトラップについてもそのまま当てはまります。

歴史は繰り返す

　これまで、現在進行形の「サブスクリプション」を皮切りに、タイムマシンに乗って2000年前後の「ERP（統合基幹業務システム）」、1989年ごろの「SIS（戦略情報システム）」、1980年ごろの「組織改革」と、時間を遡りつつ近過去の事例を検証しました。

　これだけではありません。これまで数多くの「飛び道具トラップ」が生まれては消えていきました。最近ではAIやIoTが飛び道具トラップ界の大物になっていますが、過去を振り返れば大きな技術革新が起きるたびに似たような言説が繰り返されてきました。

　例えば、前にも触れた「マイコン」です。米インテルが1971年に世界初のマイクロプロセッサー「i4004」、74年により実用的な「i8080」を発表したことで一大ブームが巻き起こります。特に、世界初のパーソナルコンピューター「Altair8800」に組み込まれたi8080は、後にパソコンという大市場を生み出すきっかけになった画期的な製品でした。当時の日本でも、オフィスオートメーション（OA）やファクトリーオ

ートメーション（FA）など、業務の自動化という文脈で注目を集めたのはすでに見た通りです。

　国立国会図書館デジタルコレクションで「マイコン」というキーワードが見出しに使われている書籍・雑誌記事の数を調べると、i8080の発表直後の1975年はわずか3件のみでしたが、その後は毎年徐々に増え続け、1983年の475件でピークに達します。マイコンブームのピークが1983年ごろだったことが分かります。ブームの全盛期には、誰もが「マイコン」の可能性に注目し、「マイコンがビジネス社会を大きく変える」といったような言説が生まれました。

　例えばロボットやOAへの応用です。日経ビジネス1983年4月5日号は『迫り来るロボットショック。息子たちに仕事はあるか』という特集記事を掲載しています。

> **図5-1**　現在のロボットはまだ、溶接や塗装などに適用分野が限られているし、知能レベルがだいぶ劣る。現在、経営者が関心を強めているのは、組み立て作業など、もっと複雑で、省力効果の大きい分野のロボット化だ。
>
> 　こうした作業を満足にこなせるのは、知的機能を備え自分である程度判断できる、知能ロボットである。すでに初歩的なものが登場し始めている。では、実用化はいつか。松下通信工業の唐津一常務は、「知能ロボットの技術は5、6年で完成し、生産システムに大きな革命が起こるだろう」と予測する。
> 　OA機器もかなりのテンポで進歩しそうだ。外国語と日本語の翻訳も、輸出文書のような定型化したものならば、5年程度で自動化できると、日本電気などでは予言する。キーをたたかなくとも、話を聞きとる音声入力が事務機で実用化されるのも、「速ければ5年以内」（東京芝浦電気）という。技術的には、意外な早さでロボットショックがやってくる。次世代、すなわち息子たちは、完全にその渦中にあるだろう。

図5-1

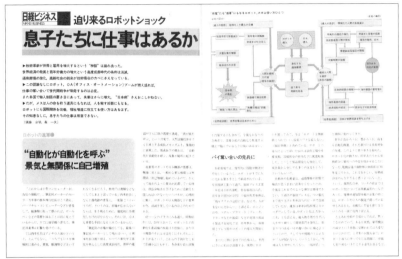

出所:日経ビジネス1983年4月5日号特集『迫り来るロボットショック。息子たちに仕事はあるか』

　記事中の「ロボット」を「AI」に置き変えて読めば、今のAIに関する記事にそっくりです。最近のAIも1983年のマイコンブームも、飛び道具トラップの構図には変わりありません。

　さらにさかのぼると、1950年代には「オートメーション（自動化）」ブームがありました。国立国会図書館で「オートメーション」をキーワードに検索すると、1957年がヒットする記事が最も多く、ブームのピークだったことが分かります。日経ビジネスはまだ創刊されていませんが、他の雑誌や新聞の記事を振り返ってみると、オートメーションという飛び道具トラップに翻弄された企業が散見されます。その典型例が小野田セメント（現：太平洋セメント）です。

「オートメーション」にのめり込んだ小野田セメント

　当時、ソニーの従業員数が500人ほどだったのに対し、小野田セメン

トは4000人を抱える大企業でした。日本を代表する大企業が事務の仕事を自動化しようと先陣を切ったため、「オートメーション」は大きな注目を集めました。

　1956年6月13日の読売新聞の朝刊は、「オートメーション　初の定員削減」いうタイトルで、小野田セメントが「工場の自動化」を超えた「事務の自動化」に乗り出したことを報じています。具体的な自動化の内容は、給料計算、配当計算など、大量の計算が必要とされる事務作業で、小野田セメントが機械の導入によって計算に必要な人員の数を削減できたことを新聞記事は報じています。自動化で生じた余剰人員について、小野田セメントは子会社などへの配置転換を進めようとしました。

　当時この記事にインパクトがあったのは、オートメーション、つまり機械によって、いよいよホワイトカラーの雇用が脅かされるというメッセージを含んでいたからです。これもまた60年後の今のAI脅威論と似ています。

　オートメーションを推進したのは当時の安藤豊禄社長でした。いまでも日本では「ホワイトカラーの生産性」の低さが問題視されていますが、当時から安藤社長は生産現場と比べて事務の合理化が進んでいないという強い問題意識を持っていました。そこで小野田セメントは米IBMからコンピューターを購入してオートメーションに邁進します。当時はコンピューターを理解できる人材が国内に少なかったことから、人材を自社で育成するほどの力の入れようでした。

　安藤社長はコンピューターの利用について先進的な考えを持っており、戦前の1930年代に当時最先端の計算機の導入を検討するなど、計算機やコンピューターに通じた稀有な経営者でした。1950年代の「三白景気」（朝鮮戦争の特需により、紙・パルプ、繊維、製糖産業が活況を呈し、経済復興に大きな影響を与えた）で業績が好調だったこともあって、小野田セメントは多額の投資が必要なコンピューターの導入に踏み切ります。

　しかし、結果的にオートメーションは意図したような成果にはつながりませんでした。経済雑誌『財界』の1963年9月15日号に安藤社長の

図5-2

オートメーションに関する1956年（昭和31年）6月19日の読売新聞の記事など（写真：的野弘路）

インタビューが掲載されています。「終戦後、IBMの機械を一番早く取り入れたのは小野田セメントでしたね。しかし、あれだけの巨額を投じて、業績にプラスになっていますか？」という記者の質問に対し、安藤社長は「二、三十億円いれたわけです。それがどれだけ業績に寄与したかと言われても一寸困るけど。（笑）」と歯切れ悪く答えています。

　実際のところ、小野田セメントはコンピューターの能力を持て余していました。当時、黒四ダムの設計のために膨大な量の計算をする必要があった関西電力にIBMのマシンを貸し出したこともあったようです。結局、1965年に小野田セメントが最終赤字に転落した際に、コンピューターを小型のものに切り替え、自社で育成したコンピューター人材の一部は他社に転職しています。

　その後、1960年代を通じてオートメーションブームは徐々に沈静化していきます。ブームの絶頂期には「コンピューターが経営の意思決定をする」とまで言われましたが、結局のところ、当時のコンピューターは計算しかできませんでした。1971年の日経ビジネス（9月20日号）が

「コンピューターは、いわば"落ちた偶像"ともいえる。企業経営のなかでも『コンピューターは期待した効果をあげているのか』という漠然とした疑問が広がっている」と伝えているように、1971年頃にはブームが沈静化したことが窺えます。やがてオートメーションというブームは忘れ去られました。

　オートメーションブームで新しい技術に過剰な期待をしてはダメだということを多くの経営者は見聞きしたはずなのに、1970年代の後半になると今度は「マイコン」で似たようなブームが巻き起こっています。その後も、SIS、ERP、インターネット、IoT、AIなど、繰り返し飛び道具が出現し、その都度トラップに陥る企業が出てきます。歴史は繰り返します。本書の冒頭で述べたように、「われわれが歴史から学ぶべきなのは、人々が歴史から学ばないという事実」なわけです。だからこそトラップが発動するメカニズムを知り、それを回避するための思考訓練を積むことが大切なのです。ここに逆・タイムマシン経営論の本領があります。

トラップ作動のメカニズム

　飛び道具トラップのメカニズムと、それに直接的・間接的に影響を及ぼす要因をまとめた図に即して話を進めていきましょう。

　飛び道具トラップが作動する遠因には、その時点で広く共有されている**「同時代の空気」**（図5-3の【1】）があります。これがトラップ作動の土壌となります。

　「同時代の空気」は、その時点での技術革新やマクロの環境変化を反映しています。「SISトラップ」の場合でいえば、前者に相当するのが「マイコンの普及」、後者は「規制緩和による通信ネットワークの開放」です。最近の「サブスクトラップ」でも、ネット決済の簡便化に加えて、新しい情報サービスが一通り出尽くし、収益の成長が頭打ちになっているという閉塞感がトラップ発動の遠因になっているでしょう。

図5-3　飛び道具トラップのメカニズム

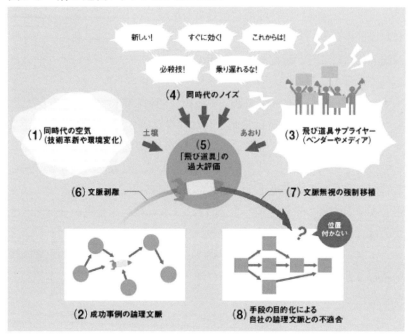

「飛び道具」は決まって具体的な**成功事例**（図5-3の【2】）とセットで語られます（例えば「サブスク化でアドビが収益を大幅に伸長」）。こうした成功事例が注目を集め、「この飛び道具は効くぞ……」という評判が広がり、施策やツールが「新兵器」として人々に広く知れわたるようになります。

　これを横からあおるのが**飛び道具サプライヤー**（図5-3の【3】）の一群です。飛び道具を提供しているベンダーやそれを喧伝するメディアがその新奇性や即効性を強調するのは商売上の必然です。あおりを受けて、「これからはこれだ！」「秘密兵器！」「業界を一変！」「乗り遅れるな！」といった「同時代のノイズ」（図5-3の【4】）が発生します。

　そうした中で、本来はひとつの施策やツールにすぎなかったものが、即時効果を発揮する魔法の杖であるかのように認識され、「飛び道具（図

5-3の【5】)」として確立します。サブスクリプションを「サブスク」と呼ぶように、短縮語やアルファベット3文字（ERPやSIS）の**略語が定着するといよいよ要注意**です。

　旬の飛び道具は万能の必殺技であるかのような期待を集めます。しかし多くの場合、飛び道具の安直な導入や模倣は「手段の目的化」を招きます。その結果、当初意図していた成果が出ないばかりか、かえって経営を混乱させる結果に終わることが少なくありません。既に考察した「ERPトラップ」はその典型例です。

「文脈剥離」がトラップを生む

　飛び道具物件そのものにばかり関心が集中し、そもそも物件が埋め込まれていた戦略や経営の「文脈」への注意がないがしろになる。ここに同時代性の罠の核心があります。

　戦略にせよ経営にせよ、その本質は様々な打ち手が因果関係の論理でつながった「ストーリー」にあります。様々な打ち手がつながって、全体として長期利益に向かって無理なく動いていく。これが優れた戦略の条件です。

　ポイントは、第1章で強調したように、物件単体（例えば「サブスクリプション」という課金形態）がそれ自体で成果をもたらしているのではないということです。競争優位の正体はそれを取り巻く戦略ストーリーのほうにあります。飛び道具物件はストーリーの構成要素の1つにすぎません。言い換えれば、物件価値は**ストーリー全体の論理的な文脈の中に置かなければ決して分からない**ということです。

　図にあるように、飛び道具を取り巻く文脈には、観察や議論の対象となる成功事例の論理文脈（以下「**事例文脈**」）と、物件を戦略ないしは経営に取り込もうとする自社の論理文脈（以下「**自社文脈**」）の2つがあります。

　「アドビのサブスク化」を例にとって事例文脈を記述すると、次のよ

うになります。

- Photoshop や Illustrator といったデザイナーやクリエーター向けの業務用ツールを主力商品としていた。これらの商品はツールとして性能が高く、使い勝手が良いだけでなく、ユーザーにとって仕事に不可欠な業界標準のインフラとなっていた。従って、ユーザーにとって極めてスイッチングコスト（あるものからあるものへと切り替えるときに被るコスト）が高い。
- ところが、相対的に高い価格設定だったため、ビギナーや趣味利用のユーザーにとっては手を出しにくいという難点があり、ユーザー数は頭打ちになっていた。相対的に安価な月額課金に移行すれば、新規ユーザーを取り込める。サブスクリプションにはユーザーが離脱してしまうリスクが伴うが、アドビのツールは粘着性が高いため既存のユーザーは簡単には離れない。
- 従って、サブスクリプションに移行すれば、一時的に減収となったとしても、長期的には安定した収益を見込める。

　以上はごく簡略化した事例文脈の記述ですが、このように「こうだからこうなる」「これがあるからあれができる」という**蓋然性が高い論理**でストーリーが組み上がっています。アドビのサブスク化の成功はこうした論理のつながりの中に置いてみなければ分かりません。
　アドビだけではありません。SIS ブームを例にとれば、既に見たように、先駆的な成功事例となったヤマト運輸、花王、セブン－イレブン・ジャパンには、それぞれ「それまでになかった全国規模の宅急便のオペレーションの実現」「台頭しつつあった小売業者に対する交渉力の確保」「小規模店舗が小商圏のニーズに迅速に対応するための単品管理」という切実な戦略意図が SIS ブームに先行してありました。その文脈の中で、必然的に SIS への投資の意思決定がなされています。だからこそ SIS という構成要素が他の要素と論理的にかみ合い、一貫したストーリーとして動き、成果をもたらしました。既に強調したように、「戦略が先、シス

テムは後」なのです。

　ところが、多くの人々は、このような飛び道具が効果を発揮した事例文脈を十分に理解せずに、飛び道具単体に注目し、それがあたかも「ベストプラクティス」であるかのような認識を持ちます。つまり、もともとの成功事例からの「**文脈剥離**」（**図5-3の【6】**）が起きるわけです。この文脈剥離がトラップの直接的にして最大の要因です。

　さらに厄介なことに、この手の人は自社文脈についての理解も浅い傾向があります。飛び道具に一般的な関心を持つだけならまだいいのですが、**自社文脈を無視して飛び道具を無理やり導入しよう**とします（**図5-3の【7】**）。そうなると、飛び道具トラップはいよいよ破壊的な方向に作動します。

　飛び道具が自社の戦略や経営と論理的にかみ合わないので、うまく機能するわけがありません。ところが、何分「即効性がある最新のベストプラクティス」と考えて、本来は手段にすぎないはずの飛び道具の導入が目的化（**図中の【8】**）します。無理やり自社に移植しようとする。無理が通れば道理が引っ込む。その結果、肝心要の自社の戦略や経営の一貫性が破壊され、かえって業績低下の憂き目に遭うという成り行きです。

　以上の議論を、時間軸に沿って整理するとこのようになります。

【1】「同時代の空気」の土壌の上で
【2】人々の耳目を引く成功事例が生まれ
【3】それを「飛び道具サプライヤー」があおる中で
【4】「同時代のノイズ」が発生し
【5】飛び道具が「過大評価」され
【6】関心を持つ人々による事例文脈からの「文脈剥離」が起こり
【7】「文脈無視の強制移植」が行われ
【8】「手段の目的化」と「自社文脈との不適合」により逆機能が起こる
　　これが飛び道具トラップのメカニズムと駆動プロセスです。

　18世紀の英国で活躍した文学者、サミュエル・ジョンソンは言って

います。「愚行の原因は似ても似つかぬ者をまねすることにある」——言い得て妙です。ここに飛び道具トラップの本質が凝縮して表現されています。

「トラップに嵌りやすい人」のプロファイリング

　飛び道具トラップのメカニズムを知ると、どういう人がトラップに嵌りやすいのかも浮かび上がってきます。トラップに嵌りやすい人のプロファイリングをしてみましょう。

　第1に、**情報に対する感度が高い人**。皮肉なことに、毎日次から次へとメディアが発信する「最新の情報や知識」に対する感度が高い人ほど、飛び道具に惹かれる可能性が高まります。情報収集にあまり積極的でない人には、飛び道具は響きません。「サブスク、何それ？」で終わってしまいます。

　第2に、**考えが浅い人**。もしくは物事をじっくり考えるゆとりがない人。いうまでもなく、情報感度が高いことそれ自体は悪いことではありません。問題は、情報の受け手の思考の浅さにあります。事例文脈にまで思考をめぐらすことなく、表面的に飛び道具を理解し、即効性のある万能薬だと信じてしまう。これが上述した文脈剥離をもたらします。

　とりわけこの10年のスマホの普及は人間の思考をどんどん浅くしているといえそうです。「情報の豊かさは注意の貧困を生む」。ノーベル経済学賞を受賞したハーバート・サイモンの名言です。人間の脳のキャパシティが一定ならば、触れる情報の数が多くなるほど一つ一つの情報に傾注する注意の量は小さくなるのは当然の帰結です。

　インターネットの普及で情報の流通コストが桁違いに小さくなり、スマホで情報へのアクセスが飛躍的に簡便になりました。これは確かに重要な技術進歩ではありますが、その反面で人間の思考を浅くします。通勤の途中や隙間時間に情報量の限られたスマホの画面を次から次へと切り替えているようでは、現象の背後にある論理にまで注意が向きません。

文脈の論理的な解読など到底無理な話です。

これと関連して第3に、**せっかちな人**。すぐに成果を出したい。何か手っ取り早い手はないものか……という方向に興味関心が向く人ほど飛び道具トラップに嵌りやすい。「**すぐに役立つものほど、すぐに役立たなくなる**」、これがビジネスに限らず人間社会の原理原則なのですが、考えが浅い人ほど、即効性のある飛び道具を求めるものです。

第4に、何らかの意味で**行き詰っている人**。例えば、本業が行き詰まりつつある成熟企業の経営者です。なんとか打開策を見出そうとするのですが、これといった戦略構想を思いつかない。そうした人々にとって飛び道具は一筋の光を発する希望の星に見えます。これ一発で局面が打開できるのでは、とばかりにトラップに嵌ります。

第5に、視野の狭い「**担当者**」。「スペシャリスト」といえば聞こえはいいのですが、自分の担当の範囲に視野を限定して仕事をしている人ほど、手段の目的化に陥りやすい。とくにITやHR（人的資源）の分野にこの手の担当者が多いように思います。そういう人は、最新のITツールや経営施策に飛びつきがちです。問題は、担当者は自分の担当領域のことで頭がいっぱいで、商売全体がどのように動いてなぜ儲かるのか、自社文脈の総合的な理解を欠いているということです。

もちろん特定部門の担当者は多かれ少なかれそうした傾向から逃れられません。そこで、全体丸ごとを相手にして戦略ストーリーを構想し、自社文脈について深い理解を持ったうえで意思決定をする経営者が必要になるわけです。しかし、肩書は代表取締役社長でも、その実社長のルーティン業務を粛々とこなしているだけ、という「**代表取締役担当者**」が少なくありません。こうなるともはや「全社総担当者体制」で、誰も自社文脈の総体を掴んでいないという状態になります。

むやみに情報感度が高く、せっかちに成果を求める担当者と、危機感を持ちつつも特段の構想も戦略もなく焦っている代表取締役担当者、これが**最悪の組み合わせ**です。飛び道具物件に過剰な期待を持ち、自社文脈を無視した安直な飛び道具導入に邁進しがちです。

飛び道具トラップを回避する

今後も次々に技術革新は生まれ、経営環境は変化し、サプライヤーは飛び道具を開発し、メディアは熱心にそれを喧伝するでしょう。しかも情報の流通の量と速度は（その質を犠牲にしつつも）ますます増大していきます。飛び道具トラップが作動する条件がいよいよ濃厚になっていく今日この頃です。

どうやったら飛び道具トラップを回避できるでしょうか——というと、「トラップ回避の飛び道具」を期待する人がいるかもしれませんが、もちろんそんなものはありません。ただし、トラップ回避のための思考のトレーニングは十分に可能です。先述した**飛び道具トラップの作動メカニズムを裏返せ**ば、トラップ回避の方策が見えてきます。

大切なのは次の4つです。この4つはそれぞれがステップになっています。この順番で考えることが大事です。

第1に、**自社の戦略ストーリー**を固めること。既に強調したように、自社に固有の論理文脈をきっちり理解していないと、すぐに手段の目的化が始まり、トラップにはまるリスクは高まります。

自社文脈についての理解を欠いているという状況を見ると、その会社や事業にそもそも確固たる戦略ストーリーがないというケースがよくあります。存在しないものは理解できません。自社に独自の戦略ストーリーをじっくりと構想し、それを社内の人々で言語的に共有する。何を見ても聞いても、自分たちのストーリーを準拠点として考えられるようにしておく。これが思考の起点にして最も大切なポイントです。

第2に、飛び道具物件が埋め込まれている**事例文脈を理解する**こと。一見飛び道具のように見えても、実際のところそれ自体はそれほど新奇性があるものでも決定打でもないことが多いものです。サブスクリプションは課金方法の1つにすぎず、それ自体は新聞や雑誌などの情報財では何十年も前から普通に使われていた「伝統的な手口」でした。

成功事例の成果は飛び道具を取り巻く複数の要素のつながりの中で生まれています。事例文脈の中に錯綜している因果関係を一つひとつ考え、

図5-4　飛び道具トラップ回避の思考ステップ

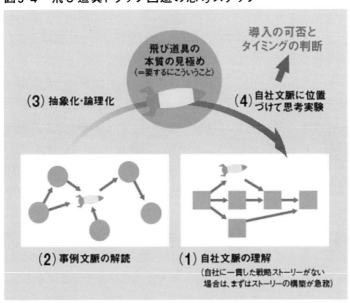

戦略ストーリー全体を解読することが肝要です。

　情報の収集よりも、その背後にある論理を考えるほうがよほど価値があります。一定の時間をかけて、慌てず騒がず論理を追うことです。いったん事例文脈の理解ができてしまえば、その文脈に位置付けることによって飛び道具の真の効能や効果を発揮する条件、コストを冷静に評価することが可能になります。

　しかも、他社の戦略ストーリーの解読は戦略思考の格好のトレーニングになります。企業の行動を論理で考える癖をつけておくと、後から大いに役立ちます。

　第3に、飛び道具を**抽象化し、論理でその本質をつかむ**こと。飛び道具が事例文脈に埋め込まれているということは、その戦略ストーリーの中に置かれなければ同等の効果は期待できないということを意味しています。ここで厄介な問題が出てきます。「それが優れたものであるほど、戦略ストーリーは**特殊解**になる」ということです。

優れた戦略に一般解はありません。全てがその企業に固有の特殊解です。アドビの例に戻りますと、いくら戦略ストーリーが秀逸で、その中でサブスクリプションが効果を発揮したとはいえ、アドビの事例文脈を丸ごと自社で再現することは不可能です。そんなことをしようとしたら、ゼロからPhotoshopやIllustrator並みの強い粘着性を持つ業務用ソフトの商売を確立するところから始めなければなりません。

　アドビのサブスクリプション戦略そのものは、アドビの文脈から引き剥がした途端に死んでしまいます。生きている魚を海から引き揚げてしまうようなものです。しかし、物件を抽象化して、それが内包する論理を突き止めれば、文脈を超えて自社の経営に生かすことは十分に可能です。ここに抽象化の効用があります。

　アドビのサブスクリプション戦略の具体的な細部を知るよりも、サブスクリプションの本質をつかむことが大切です。抽象化で本質をつかむというと何やら難しく聞こえますが、「要するにサブスクとは何なのか」を突き止めるということです。ここでも大切になるのは論理です。何がサブスクリプションによる収益改善を可能にしたのか。サブスクリプションによって何が可能になったのか。物件を抽象化して、その前後に発達している因果関係を見極めるということです。

　ちょっと考えただけでも、サブスク化の成否を大きく左右する要因として、ユーザーにとっての製品（もしくはサービス）の粘着性が重要であることが分かります。スイッチングコストが低いにもかかわらずサブスク化したら、他社との顧客の取り合いになり、すぐに顧客が流出してしまうか、つなぎ留めるための低価格化を余儀なくされるかのどちらかになってしまいます。

　サブスク化の有効性を支える論理としては、例えば「顧客の利用状況や享受する価値に合わせて、後から柔軟に金額を変えやすい」があります。アドビの提供するソフトウエアのように、多くの顧客が高頻度で長期的に使用し、しかも利用について習熟が進むものほどサブスクのメリットが大きくなるといえそうです。逆に言えば、そうした特徴なり条件を満たさない商品やサービスでは、サブスクの効果は期待できないかも

しれません。

「顧客が一度に支払わなければならない金額が小さくなる」、これもまたサブスクが持つ重要な論理です。アドビが潜在的なユーザーを獲得するうえでは、この論理が効いています。

この視点でサブスクを考えてみると、抽象的な次元では、割賦販売（分割払い）に近似していることが分かります。スマートフォンでいえば、利用料が月額課金なのは言うまでもありませんが、スマホ本体も今ではほとんどの場合、割賦方式で売られています。支払うユーザーにとってはサブスクも同然です。

割賦販売は古くからある決済方法です。だとしたら、これまで割賦販売に適した商品は何だったか。昔から家電製品などの耐久消費財が月賦で売られています。そうした商品に共通する特徴は何か。高額であることに加えて、ここでも長期的に高頻度で繰り返し使い続けるという共通点が見えてきます。しかも、「あったらいいな」というふわふわしたニーズではなく、冷蔵庫や電子レンジ、パソコンなど「ないと困る」という切実なニーズに対応した商品ほど割賦販売に適しているといえそうです。

いずれにせよ、飛び道具物件をいったん抽象の次元に引き上げて考えることが不可欠です。抽象化で本質をつかめば、具体化のレベルでも一見関係なさそうなものとのつながりが見え、様々な事象との相対化が可能になります。サブスクリプションとは何なのか、その本質に接近できます。

第4が最終ステップです。いよいよ飛び道具物件を**自社に導入すべきかどうか**の判断をすることになります。1から3までのステップをきちんと踏んでいれば、飛び道具の論理を自社の戦略ストーリーの文脈に当てはめ、どのようなベネフィットがあり、どのようなコストとリスクがあるのか、思考実験が可能です。

いきなり実行する前に、自社文脈の中で飛び道具がどのように作用するのかを論理で十分に詰めておくべきです。万能に見える飛び道具が自社文脈にはまるで適合しないのであれば、結論は「見送り」の一手です。

場合によっては、自社文脈にうまくはまるように部分的に修正して導入、という判断もあり得ます。

また、導入するにしてもタイミングが重要です。サプライヤーは決まって「乗り遅れるな」とあおります。しかし、自社文脈の中で効果が出やすいタイミングを狙ってしばらく待ちの姿勢でいるという選択も十分にあり得ます。

場合によっては、飛び道具の導入をテコにして、自社の戦略ストーリーを書き換えるという挑戦的な選択もあり得るでしょう。しかし、これは1つの構成要素が戦略ストーリーの進化なり変化のきっかけになったというだけの話で、「サブスク化でたちまち大成功」とは似て非なるものです。

サイゼリヤの「キャッシュレス」への構え

飛び道具トラップにはまる企業が後を絶たない中で、上述した「トラップ回避の思考」を地でいく優れた経営の事例として、サイゼリヤの「キャッシュレス」に対する構えは実に味わい深いものがあります。

図5-6 ｜ 国内に約1100店舗を構えるイタリア料理チェーン、サイゼリヤ。8割以上の店では現金しか受け付けていないことで知られる。QRコード決済はおろか、クレジットカードも使えない。国を挙げて推進する「キャッシュレス祭り」も、サイゼリヤにとってはどこ吹く風。

「キャッシュレス決済」は現在進行形の飛び道具の1つです。中国の「デジタル消費社会」や米アマゾン・ドット・コムが手掛ける無人店舗「Amazon Go」などの事例が注目を集めています。2019年10月の消費税10%導入に合わせて、キャッシュレスで決済した人を対象に税込み価格の最大5%分を還元する「ポイント還元」も政策として実施され

図5-6

出所:日経ビジネス 2019年11月18日号 特集「誰が得する○○ペイ　キャッシュレスの闇」

ました。

　従来の「nanaco」や「WAON」といった小売り系、「Suica」や「PASMO」といった交通系のキャッシュレス決済に加えて、スマホのキャッシュレス決済アプリの「PayPay」「LINE Pay」「楽天ペイ」などが攻撃的なキャンペーンを展開し激しく競争し、キャッシュレス化をあおりにあおっています。「同時代の空気」「注目事例」「飛び道具サプライヤー」と、トラップ発動のメカニズムはすべて揃いました。コロナ騒動以前に、オリンピックのインバウンド需要を見込んで「乗り遅れるな」とキャッシュレス決済の導入を急ぐ事業者が急増しました。

　その中にあって、現時点でのサイゼリヤは一歩引いたスタンスを維持していました。堀埜一成社長はこのように真意を明かしています。

　──キャッシュレス決済時に徴収される手数料の負担は、経営者としてどうとらえていますか。

堀埜氏：（キャッシュレス比率が）100％にはならないんでペイは
するんですよ。（決済額の）3％を（手数料として）払って、5％収
入が増えればそれでいいですから。だからそのタイミングがいつ来
るかなんです。

──本格的に導入するとすれば、キャッシュレスを入れたことに
よって客が増えるタイミングですね。

堀埜氏：そう。そろそろ近いですよ。

──そろそろですか。

堀埜氏：うちもSC（ショッピングセンター）内の店舗ではキャッ
シュレス化に対応しています。でもあんまり影響はない。キャッシュ
レスで払うお客さんは多くないんです。なぜかというとSC内の
店舗で支払うのは奥さんだから。家族で食事をして、財布を握って
いる奥さんが払う。でも、キャッシュレスを使っているのは男性じ
ゃないですか。つまり、キャッシュレスを入れることによって増え
るのは男性1人客です。そのためにいろんな準備をしている。ラン
チのピークが大きくなることもあり、商品の設計からすべて変えな
きゃいけませんから。で、食器なんかもどんどん軽くしたり割れな
いようにしたりしています。

──レジ周りだけでなく、いろいろと関係してくるんですね。

堀埜氏：そうです。総合なんです。

出所：日経ビジネス電子版2019年11月19日「現金決済にこだわる『サイゼリヤ』、社長が真意を明かす」

コロナ騒動以前の記事ですが、キャッシュレスはあくまでも商売のた
めの手段であり、従って商売全体の文脈の中に位置付けないと価値判断
できないという考え方が如実に表れた発言です。

もちろんキャッシュレスにはいくつかのメリットがあります。サイゼ
リヤにしてもキャッシュレスを否定しているわけではありません。自社
にとって最適のタイミングを待っているのです。堀埜社長はこのように
言っています。

──キャッシュレス決済の導入が広がる中、サイゼリヤはSCなど

に入居する店舗以外では原則現金だけの決済を続けています。なぜでしょうか。

堀埜氏：最終的には乗るんですよ。キャッシュレスはやるんです。でも究極の後出しじゃんけんをするつもり。というのは、確かに手数料率もあるんですが、ハード（端末）の開発速度を見てるんです。1100店もあると、ハード代がばかにならない。「それに何億円使うの？」となるでしょう。変更に弱い端末を入れてしまうと、PayPayとか新しい決済手段が入ってきたとき、後付けできないとかとんでもないことになる。この分野って開発速度がすごい速いんです。今後どう変わっていくか分かんないんで、そのハード側に金を使いたくないなというのがある。そういうのを見ながら、いつやろうかと考えています。で、ハードの費用はできれば誰かに出してもらいたい。

出所：日経ビジネス電子版2019年11月19日「現金決済にこだわる『サイゼリヤ』、社長が真意を明かす」

　明確な戦略ストーリーがあり、その一方でキャッシュレスの本質を見極め、それを自社の文脈にきっちり位置付けて、タイミングを見計らいながら最終的な意思決定をする。これが吉と出るか凶と出るかは結果を待たなければなりませんが、少なくともキャッシュレスに対するサイゼリヤの構えは飛び道具トラップ回避の手本を示していると思います。

　キャッシュレスに加えて、「Uber Eats」のようなデリバリーも外食産業では飛び道具のように思われています。面白いことに、サイゼリヤはデリバリーにも手を出していません。なぜならば、自社のコンセプトと戦略に合わないからです。

　サイゼリヤは家族や友人との「日常的かつ健康的な食事」を提供価値とするレストランチェーンです。独りでシーンとした静かなところで食べるのではなく、適度なざわつきのある中で手軽に食べて飲む楽しさを与えられるかどうかが勝負となります。従って、その価値を台無しにしてしまうようなデリバリーには手を出さない。これもまた「戦略が先、施策は後」の好例です。考えてみれば当たり前の話ですが、この「当た

り前の思考」を殺してしまうところに同時代性の罠の怖さがあります。

　独自のサプライチェーンを研ぎ澄まし、食事の質にこだわりながら徹底的にコスト優位を追求する。サイゼリヤの戦略はもともと秀逸なものですが、キャッシュレスへの対応を知って、その経営力に対する評価はますます高まりました。

　飛び道具トラップが発動したときにどう対応するか、そこにその企業の経営の質が如実に表れるものです。この意味でも、飛び道具トラップは注目に値します。過去に現れては消えた飛び道具への対応事例をじっくり検討することは、経営力の神髄を知るうえで格好の思考のトレーニングとなるでしょう。

激動期トラップ

第6章 「大きな変化」ほどゆっくり進む

　第1部で考察した「飛び道具トラップ」は、ある特定の企業の文脈での局所的な成功がどこでも効果を発揮する「万能の必殺技」であるかのように曲解されて発動するものでした。つまり、観察対象と自社の文脈の差異を無視ないし軽視するという**空間軸上**でのトラップといえます。これに対して第2部では、われわれが「激動トラップ」と呼ぶ、**時間軸上**での同時代性の罠を検証します。

　タイムマシンに乗って近過去に遡ると、興味深いことに気づきます。それは、人々がいつの時代も「**今こそ激動期！**」と言っているということです。日経ビジネスのアーカイブをひもといても、そうした傾向がはっきりとうかがえます。

　当然のことながら、人間である以上、誰も正確には未来を予知予測することはできません。ところが、いつの時代も世の人々は「未来はこうなる」という予測に簡単に流されてしまい、「今こそ激動期！」という言説を信じる傾向にあります。ここに同時代性の空気が加わると、「世の中は一変する」「これまでの常識は通用しない」となり、「時代の変化に適応できない者は淘汰される」という類の危機感をあおります。

　未来は誰にも分かりませんが、過去は厳然たる事実として確定しています。未来を考えるにしても、いったん近過去に遡って人と世の思考と行動のありようを冷静に見極め、そこから未来についての洞察を引き出すことが大切です。

ことごとく外れる未来予測

　本章の題材は自動車業界です。規模でも、産業の裾野の広がりでも、人々の生活に与える影響でも、自動車はもっとも広範な人々の関心を集める産業です。未来予測についての言説も例外ではありません。この半

世紀ほどメディアは繰り返し自動車産業の未来を論じてきました。典型例として、日経ビジネス誌が創刊する1年前（1968年）に経済雑誌ダイヤモンドが特集した「自動車の未来図」という特集記事と、その30年後に自動車の未来を予測した1998年の日経ビジネスの記事を見てみましょう。

　　日本の自動車工業はどこまで発展できるのか。ヨーロッパなみに乗用車を5人で1台所有するようになったらそこが終点だという説が強い。が、現実に2人で1台の車を持っているアメリカではビッグ3が強気の需要予測をやっている。車は1家族が2台持てばもう更新需要だけになってしまうのではない。いまや用途によって車を使い分けるTPOの時代だ。しかもその機能を追究していけば近い将来、車は3つの型に分離するだろう。自動電子装置をつけたドリームカー、現在のスポーツカー的なセダン、都市走行専門のコミューターと、質的にも大きく転換するだろうというのだ。

（出所：ダイヤモンド1968年4月22日号「ビッグ3が描く　自動車産業の未来図」）

図6-1 │ 技術の革新により、自動車産業はあと10年ぐらいでかなり違ったものに姿を変えるだろう。1つには、燃料電池という小型発電機の登場で、ガソリンエンジンが姿を消してしまう可能性がある。ITS（高度道路交通システム）が実現すれば、クルマは自動運転する乗り物になるだろう。販売では、米国ですでに急速に伸びつつあるインターネット販売が日本でも広く普及するはずだ。

　"新エンジン"の登場と情報化の進展。この2つの技術革新は自動車の産業構造全体を強く揺さぶる。

　エンジンという主要部品が無くなれば複数の部品メーカーは宙に浮き、代わって新手の電機・電子部品メーカーが登場する。完成車メーカーと部品メーカーの力関係もこれまでとは様変わりするだろう。

図6-1

出所：日経ビジネス1998年10月12日号特集「自動車の未来　次世代技術が迫る産業構造大転換」

　それぞれ52年前と22年前の時点での近未来の自動車の予想図です。こうした言説を2020年の現時点から振り返るとどうでしょうか。描かれている「未来」は一部しか実現していません。実現していても非常に遅いペースであり、「激動」からは程遠いことがわかります。

　とりわけ興味深いのは、1968年のダイヤモンドが特集した「自動車産業の未来図」です。同時代の背景を簡単に説明すると、1960年代後半は日本でもいよいよモータリゼーションが進行し、1967年の時点では日本人は10人で1台の車を持つに至り、各家庭に自動車があることが標準的な姿となりつつありました。いずれ「5人に1台」という水準に達した時に「日本の自動車産業は頭打ちになるか？」「その打開は？」というのがこの記事の論点です。

　1960年代後半というモータリゼーションの絶頂期に早くも「自動車需要の頭打ち」を指摘していることが興味深いのですが、それ以上に注目すべきは、この記事の「結論を先に出せば、決してそうならない。一

時的な、"踊り場"はあっても、自動車産業は電子産業と密接に結びつき、再び成長産業に生まれ変わるだろう」という主張です。

　自動車業界の重鎮も同じように当時から「自動車＋エレクトロニクス」が重要になると考えていました。1968年に日産自動車の常務であった中川良一氏は、スケールの大きな自動車産業の将来見通しを開陳しています。

　　　エレクトロニクスで自動車をコントロールする時代は、そう遠いことではない。最近では集積回路使用の電圧調整装置を入れようとしているほどで、意外に早くエレクトロニクス時代がくるだろう。
　　　これには条件がある。エレクトロニクス時代をフォローする都市構造の変化と、エレクトロニクス産業そのものの大衆化、すなわち製品の低コスト化である。
　　　たとえば電子による自動操縦装置を組み込んだとする。が、自動車は鉄道よりも、はるかに複雑である。人ごみのダウンタウンでは少なくとも使用不可能であり、これを使用できるようなスーパー・フリーウェイの登場が前提となる。

（出所：ダイヤモンド1968年4月22日号　「車はエレクトロニクスの技術を吸収して幅広く展開する　日産自動車　常務　中川良一」）

　2020年の今、自動車にエレクトロニクスが組み込まれると予測されてから既に50年以上が経過しています。自動車にエレクトロニクスを組み込むこと、すなわち「車のコンピューター化」は自動車の未来予測における鉄板ネタとなっています。1968年のダイヤモンドの記事はもちろん、1998年の日経ビジネスの記事、いずれも共通して「車のコンピューター化」が自動車の未来を考える上で最重要の論点としていました。つい最近の2010年代の自動車業界でも、言葉こそ「エレクトロニクス」が「IT」になっていますが「自動車とITの融合がカギ」という主張が相変わらず繰り返されていました。要するに、**「変わっているけど変わってない」**というのが実際のところです。

1998年10月12日号の日経ビジネスの記事には自動車のエレクトロニクス化が「既にこんなに進んでいる」という図が記載されています。1968年のダイヤモンドの記事と横に並べてみると、「30年でこれだけしか進まないのか」ということにむしろ驚きを感じます。1998年の時点では、確かにドアロックやパワーウインドーなど、自動車というハードウエアを構成する特定の部品や要素のレベルではある程度まで電子化は進んでいます。しかし、「自動運転」のような統合的な技術は、1968年から50数年を経ても実用レベルでは実現していません。**（図6-2）**

「できる」と「する」のギャップ

　なぜ過去50年にわたる自動車の未来予測の多くが外れているのでしょうか。あっさりいえば、ほとんどの未来予測に「ユーザーの視点」が抜け落ちているからです。「顧客の立場で考える」──商売の基本にし

図6-2

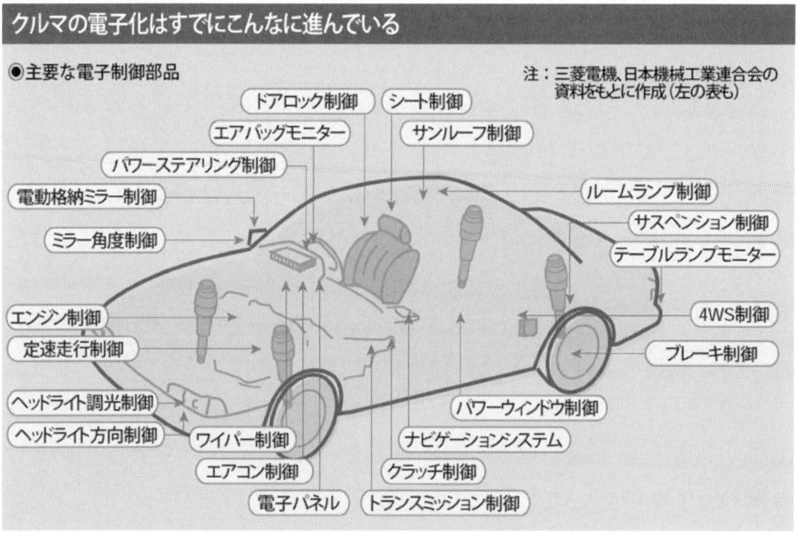

出所：日経ビジネス1998年10月12日号特集「自動車の未来　次世代技術が迫る産業構造大転換」

て原理原則ですが、こと未来予測となると**基本がどこかに行ってしまう。**これが人間の思考や認識の面白いところです。

　エレクトロニクスという新しい要素技術に着目するという方向性は確かに正しいのですが、実際にユーザーがどのような状況で何を求めてどのように車を使うのか、肝心要の顧客価値の視点が欠落しています。

　自動車についていえば、とりわけ重要になるのが車とインフラとの相互依存関係です。「安心・安全に運転できる」「経済的に効率よく移動できる」「ドライブをして楽しい」といった基本的な価値を実現するためには、前提として道路はもちろん、駐車スペースや車を駆動するエネルギー供給システムなど、ありとあらゆるインフラが不可欠になります。未来予測は局所的な技術革新の「激動」に注目するあまり、車がその価値を発揮する前提条件となるインフラの重要性を見過ごしがちなのです。

　逆に言えば、部品やサブシステムについてはエレクトロニクス化などの変化が相対的に起こりやすいということです。既に見たように、ドアロックやパワーウィンドウ、ナビゲーションなどの各種パーツには実際にエレクトロニクスが応用され、1968年と比べれば現在の自動車は相当に進歩しています。

　2010年代からいよいよホットイシューになってきた自動運転にしても、センサーなどのパーツや、低遅延の通信における即時制御といった局所的な技術は日進月歩の勢いで進歩しています。ところが、自動運転の構成要素に注目が集まる一方、これらのパーツが一つのまとまりをもった自動車に統合され、「普通の人々が日常的に安全に、快適に、効率的に利用できる移動と輸送のシステム」についてはさほどメディアは論じません。

　確かに自動車メーカーや自動車部品メーカーの目で見れば、エレクトロニクスや自動運転といった新しい技術は実現可能な未来として映ります。しかし、それは技術的に「できる」ということであって、大衆が実際に「する」ということとは異なります。**「できる」**と**「する」**のギャップが生じるところに同時代性の罠が口を開けています。

　構成要素についての技術革新が旺盛なときほど、人はインフラを軽視

する。この傾向は今も昔も変わりません。1968年に日産の中川常務は新しい自動車には「都市構造の変化」が必要と指摘していますが、都市構造の変化ほど時間がかかる仕事はありません（これについては後述します）。

　近年、自動車業界でその発言と行動が大いに注目を集めている人物に、テスラのイーロン・マスクCEOがいます。彼にしても、2014年の「新技術で世の中はこう変わる」という日経ビジネスのインタビュー記事で、自動運転が「できるようになる」という要素技術の進歩を強調していますが、インフラについては言及していません。

　図6-3　｜　私は自動運転技術の熱心な信奉者です。以前は市販車における完全な自動運転の実現には10年は掛かると思っていましたが、たぶん5〜6年で実現できそうです。開発には時間が掛かりますが、テスラは5年程度の時間軸で自社のEVに完全な自動運転技術を搭

図6-3

出所：日経ビジネス2014年9月29日号特集「秩序の破壊者　イーロン・マスク　テスラの先に抱く野望」

載することを考えています。すべてのクルマに、自動運転技術が搭載される日が来るでしょう。

　自動車の要素技術の革新に比べたときのインフラ構築の難しさは、2015年に日本国内で話題になった「FCV（燃料電池車）」の事例が象徴しています。

　日経ビジネスは2015年6月4日、政財界の要人を集めて「水素」に関するシンポジウムを開催しています。舛添要一（東京都知事・当時）が「1964年の東京五輪では新幹線がレガシー（遺産）として残った。2020年のレガシーとして、私は水素社会を残す」（日経ビジネス2015年6月15日号時事深層「水素社会の実現に官民連携が必須」）と発言するなど、水素を活用した未来の自動車に大きな注目が集まりました。経産省も水素社会の実現のためのロードマップを作成するなど、新技術の普及に本腰を入れ、政財界を巻き込んだ大プロジェクトとなりました。

　当初の期待感は大きく、2015年6月15日号の日経ビジネスは「水素社会の実現に官民連携が必須」という記事を掲載し、「日本が世界に先駆けて水素社会を実現するには、さらなる官民連携が不可欠だ」という議論を展開しました。

　2015年は水素自動車に関する様々なビジネスが話題となりましたが、その中で最も注目を浴びたのが、2014年12月15日にトヨタ自動車が発売した水素自動車「ミライ」です。燃料としての水素にも注目が集まり、2015年にはガス専門商社である岩谷産業がFCV向けの水素事業を本格化させることが注目を浴びました。同年4月6日号の日経ビジネスはこの動きに注目し、「プロパンガスやカセットコンロで知られる岩谷産業が水素に将来を託す。創業者から受け継がれた執念が、長い助走期間を経て、結実しようとしている。プロパンガスによる『台所革命』から半世紀。次に目指すのは『水素革命』だ」（日経ビジネス2015年4月6日号　企業研究　岩谷産業「『水素は売れる』70年の執念」）と伝えています。注目すべきは、しきりに「革命」という言葉が使われているところです。

図6-4

出所：日経ビジネス2015年4月6日号　企業研究　岩谷産業「『水素は売れる』70年の執念」

　岩谷産業の牧野明次（当時会長兼CEO＝最高経営責任者）は「今後、水素需要が急増するのに合わせ、生産能力を引き上げる。現在、国内では液化水素のプラントを3カ所持っているが、そのうちまず山口県周南市のプラントの能力を2倍に増強するつもりだ。ただし、水素需要が国のロードマップ通りに増えたとしたら、とても国内生産だけでは追いつかない」（同記事）と語り、水素の需要急増を見据えていました。

　「水素革命」が叫ばれてから、早5年が経過しますが、水素社会の到来はおろか、燃料電池車が普及する様子はまったくありません。2017年1月の時点で国内の水素ステーションの数は約80カ所、普及には程遠いのが現実でした。このいきさつについて、2017年の日経ビジネスは早くも「早すぎたFCV戦略」と総括しています。（**図6-4**）

図6-5　｜　だが現状を見ると、FCVの普及ペースはあまりに遅い。デロイトトーマツコンサルティングが2014年11月に公表した予測では、FCVの国内販売台数は2016年までに累計3000台。かなり

図6-5

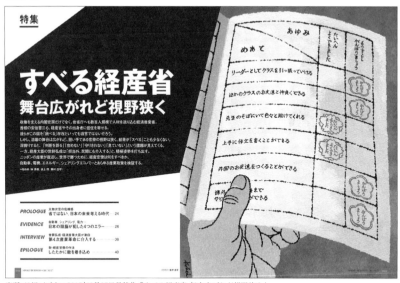

出所：日経ビジネス2017年2月27日号特集「すべる経産省 舞台広がれど視野狭く」

　控えめな数字と言えるが、実際にはこの予測をさらに下回り、トヨタが2016年末までで国内約1370台。ホンダに至っては104台という低水準にとどまっている。…（中略）…クルマだけではない。FCVの普及と「ニワトリと卵」の関係にある水素ステーションも整備が遅れている。

インフラは30年にしてならず

　「水道」「電気」「ガス」のように、過去100年の間に人々の生活様式を大きく変えた変化はいずれも生活のインフラでした。「ローマは1日にしてならず」と言いますが、近過去の歴史をひもとけば「インフラは30年にしてならず」です。
　自動車にしても、先行したのは車そのものの発明や開発で、インフラ

図6-6

（写真：ユニフォトプレス）

の整備には多大な時間を要しています。人々が当たり前のように自動車
で移動できるようになるまでの歴史を振り返っておきましょう。

　自動車の普及という文脈でよく引用されるのが、1908年の「T型フ
ォード」の登場前と登場後のニューヨーク5番街の写真です。上の写真が、
T型フォードという世界初の量産型自動車が普及する前の1900年のも
のです。馬車が人々の移動手段の多くを占めていました。

　ところが、1908年のT型フォードの発売を機に、ニューヨーク五番
街が自動車であふれるようになります。次の写真は同じニューヨーク5
番街の1910年の写真です。「激動期」の物的証拠というわけですが、こ
うした議論には落とし穴があります。

　ニューヨークなどの都心部で乗用車が急速に普及したのは、既に馬車
での移動を前提とした「舗装道路」というインフラが整っていたからで

図6-7

（写真：GRANGER.COM ／アフロ）

す。自動車が普及する前の「馬車の時代」にすでに舗装道路が整備され
ており、既存のインフラがそのまま機能したからこそ、ニューヨークで
は短期間に乗用車が普及しました。

　この事情は、日本でも変わりありません。ひとつの転機は1923年の
関東大震災でした。震災によって鉄道や路面電車などの都市交通が麻痺
したこともあり、縦横無尽に走ることができる自動車は貴重な交通手段
として注目を浴びました。1913年時点の東京の自動車の数は約350台
に過ぎませんでしたが、震災直後の1924年には約1万台と急速に増え
ています。当時の時事新報も「日本の自動車界は短日月の間に相当の発
達をした」（1924年5月10日付「東京の自動車一万台に達す」）と報道
しており、自動車という新しい交通手段が注目を集めました。

　しかし、これは東京に限った現象です。ニューヨークと同様に、
1920年代の東京では車の普及に先行して道路網が整備されていました。
東京の道路が本格的に整備された理由は、自動車社会の到来を予想して
いたからではありません。明治時代を通じて路面電車を東京都心部に開
通させる計画があったからです。当時の都市計画は「運河開削」と「路
面電車」が2本柱でした。

　路面電車という新しい交通機関を普及させるためには、道路の幅を十
分に確保する必要がありました。関東大震災の復興を機に主要幹線道路
の舗装が進み、結果として東京都内に複数車線の舗装道路が徐々に整備
されていったのです。そもそもは路面電車交通のための道路の幅が、後
に出現した自動車にたまたま適合し、舗装をきっかけに急速に自動車が
普及したという成り行きです。

　東京都心部でも、さらに増加する自動車に対応して、路面電車を前提
とした道路以外にも多大な舗装道路の建設が必要となりました。東京圏
で自動車社会を前提とした道路インフラが本格的に整備されたのは、
1964年の東京オリンピックの前後でした。1950年代から1960年代に
かけて、東京都は道路の大改造を実施します。それまで人々の生活の足
になってきた路面電車を廃止し、車線数を増やした主要幹線道路の整備
を進めました。一方で、使用されなくなった都心部の運河や堀というス

ペースを自動車専用道として活用することで、何とか東京都心部でも大量の自動車をさばけるインフラを構築したのです。

それと並行して、「路面電車」に代わる公共交通手段としての地下鉄が続々と開通し、庶民の通勤の足が地上から地下へと変化しました。それまでの地下鉄は銀座線だけでしたが、1950年代から1970年代にかけて、丸ノ内線、日比谷線、半蔵門線、千代田線、東西線、有楽町線、都営浅草線、都営新宿線などの主要路線が次々と建設されました。この都市交通のインフラの大改造の結果、東京では大量の自動車が地上で走行しても、日常生活に支障をきたさない都市構造を作り上げることができたのです。

歴史を振り返ると、1923年の関東大震災で「自動車」が注目を集めてから、半世紀以上という長い年月をかけて「自動車社会」が定着したことがわかります。1966年にトヨタ自動車が発売した「カローラ」が実用的な大衆車として注目を集めました。カローラがよく売れた理由は、カローラを走らせるための舗装道路が整備され、それに合わせた都市構造が成立していたからです。逆に言えば、「モータリゼーション」を起こすカローラの出現は、インフラの整備を待たなければなりませんでした。

要素はシステムに先行する

自動車でいえば、要素技術の開発（例えば内燃機関）は車という上位のシステムに統合されなければ使えません。車というハードウエアにしても、さらに上位のインフラというシステムの上に載らなければ、人々の生活を変えるようなインパクトを生み出せません。ここでは舗装道路というインフラに注目しましたが、それ以外にも給油場所や修理工場、駐車場といった施設はもちろん、免許制度や道路交通法などの法整備やそれにかなった運転技能を教える自動車教習所、事故や故障があった場合の保険などなど、さまざまな上位システムが必要になります。

ここでのポイントは、ほとんどの場合「**要素がシステムに先行する**」ということです。システムの下位にある要素技術の開発が先に進み、上位システムの開発や整備は後から追いついていくというのが現実です。自動車そのものは比較的早くに登場しました。それは当時の人々にとって「驚くべき」発明でしたが、後続するインフラの整備には非常に長い年月が掛かりました。一見すると舗装道路を作るという作業は単純です。あっさり言えば「やればいいだけ」の話です。それでも、想像以上の時間が必要でした。

　「自動車が人々の生活と社会を変える」という真の意味でのイノベーションの視点で歴史を振り返ると、最近の「自動運転で世の中が一変する」という議論はいかにもパーツ先行で、ナイーブなものだと言わざるをえません。

　これまでもそうだったように、自動運転にしても（1）自動運転のためのセンサーや制御のためのソフトウェアというパーツが実現し、（2）自動運転を可能にする有形無形のインフラが構築され、（3）自動運転の自動車がインフラに無理なく統合され、（4）ようやく世の中が変わる、というステップを踏んでいくだろうことはまず間違いありません。

　現在進行形で起きている（1）の技術革新は注目を集めます。メディアも熱心に報道します。大いに「激動」を予感させるのですが、要素技術の上位システムへの統合に必要となる時間を考えると、自動運転が世の中に大きな影響を与えるイノベーションは当分先のことでしょう。

　ユーザーであるわれわれにしてみれば、まだ若い杉浦は自動運転のイノベーションを生活の中で享受できる可能性が高いのですが、すでに50代半ばの楠木は死んだときに火葬場に運ばれる霊柩車で自動運転を体験できるかどうかがギリギリのところではないでしょうか（といっても既に死んでいるので正確には「体験」ではない）。自動運転に期待することなく、今から加齢に伴う運転能力の劣化にせいぜい気をつけたいと思います。

第 7 章 ｜ 技術の非連続性と　　　人間の連続性

　その時点で生まれた新しい技術や商品、サービス、環境変化のインパクトを過剰に受け止めて、一気に全てが変わると思い込む──。これが激動期トラップです。前回見たように「自動車が社会を変える」には気の遠くなるような年月を要しました。「今こそ激動期！」と騒がれるような技術革新であっても、実際の変化は当初の予想以上に漸進的であることが多いものです。

　本章で注目するのは近過去の「インターネット」についての言説です。1995年前後に普及が本格化し始めたインターネットは衝撃的でした。情報通信のコストが劇的に低下し、人々がネットワークでつながるようになりました。「これからはインターネットの時代だ」「世の中は一変する」と、文字通りの「激動」の様相を呈しました。

　それから25年が経過した今、確かに人々の生活は変わりました。しかし、今から振り返ってみると、当時の反応には過剰な面があり、人々が同時代性の罠にとらわれていたことが分かります。

「インターネットは隕石だ」

　まずはインターネットの登場が脚光を浴びた1995〜2000年ごろの日経ビジネスの記事を振り返りましょう。いずれの記事も、インターネットで激動する「同時代の空気」を伝えています。

　　図7-1　｜　目には見えないデジタルネットワークが、ひたひたと日本を侵食し始めている。企業間の商取引や提携は、ネットワークが生命線になりつつある。情報化を拒めば、淘汰されかねない。インターネットは国家の規制を乗り越え、新たなビジネスを生み出そうと

図7-1

出所：日経ビジネス1995年6月12日号特集「新・ビジネスの掟　デジタル革命を生き残る」

している。どの国の通貨でもない電子通貨も登場。その主導権を巡る戦いが始まり、国家による通貨管理の原則さえ揺さぶり始めた。デジタル革命はビジネスのルールを変える。（**図7-1**）

図7-2　1999年は日本にとり、インターネットの普及があらゆる産業に影響を与えた「e革命元年」だった。2000年もその勢いが続くのは間違いないが、これまでと違い、インターネット先進国の米国の後追いではなく、日本流のe革命が進行し、それが消費にも大きな影響を与えそうだ。

　日本流とは、携帯電話でのインターネット接続だ。消費者は常に持ち歩く携帯電話をインターネットに接続することで、いつでもどこでも様々な情報を入手できるようになる。2000年は、情報武装で消費に絶大な権限を持つ「消費者独裁」の時代に突入する。

図7-2

出所:日経ビジネス 2000年1月10日号 時流潮流 新年特別編「2000年のビジネス白書」

　当時のインターネットの特集記事を読むと、国家や通貨といったマクロ的な視点と、日常生活というミクロ的な視点の両方で、人々の興味を集めています。インターネットの広範なインパクトが見て取れます。

　1995年にソニーの社長に就任した出井伸之氏は「社会にインターネットという名の隕石が落ちた、それが平成だったように思う」（週刊東洋経済2018年5月12日号）と振り返り、巨大な変化を隕石に例えて平成という時代を総括しました。それほどの衝撃だったというわけです。

　ITバブルの絶頂期だった1999年10月には、日経ビジネスは「e革命　第2の波　日米大逆転へ」と題して、インターネットを使った携帯電話のサービスなどを取り上げた特集記事を掲載しています（日経ビジネス1999年10月11日号）。1999年にNTTドコモが携帯電話によるインターネット接続サービス「iモード」を開始し、「日本流のe革命」として大きな期待を集めました。

　このように「インターネットこそ革命である」というのが同時代の空

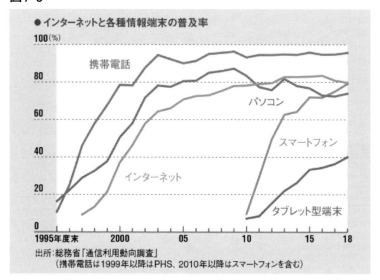

図7-3

● インターネットと各種情報端末の普及率

携帯電話

パソコン

スマートフォン

インターネット

タブレット型端末

出所：総務省「通信利用動向調査」
（携帯電話は1999年以降はPHS、2010年以降はスマートフォンを含む）

気でした。ところが、現実にはインターネットの本格的な普及にはさら
に10年が必要でした。総務省から毎年発表される「通信利用動向調査」
を見てみましょう。インターネットは短期間で爆発的に普及したという
よりも、徐々に普及していったことが分かります。

　さらに重要なことは、パソコンやスマートフォンを持ち、インターネ
ットを利用しているということと、実際にどの程度まで使いこなしてい
るのかは別問題だということです。

　1つの象徴が2010年代を通じて普及したSNSです。スマートフォン
が徐々に普及するにつれて、フェイスブックやツイッターで人々が日常
的にネットでつながり、手軽に情報を発信できるようになりました。一
見すると革命的な変化で、2010年ごろには「SNSが世界を変える」「個
人が情報発信できる革命だ！」という同時代の空気が盛り上がりました。

図7-4 ｜ 顔の見えない情報の集合体だったネット上に突如、個人が
立ち現れた。SNS（ソーシャル・ネットワーキング・サービス）

という、個人と個人をつなぐ"新しい社会"がネットに出現したからだ。ウェブという情報の網目が、人間の網目に変化した瞬間だ。しかもかつてのマス以上に見えやすい存在として。デジタル情報を身にまとっているだけに、企業が利用できる情報は膨大だ。今、マーケティングが、モノが、そしてサービスが、大きく変わろうとしている。

　世の中で注目されるこれらのSNSサービスの実際の利用状況を見ると、当初の予想ほどにはなりませんでした。2018年に総務省が実施した「ICTによるインクルージョンの実現に関する調査研究」では、ツイッターで自ら情報発信や発言を行っている人の割合は日本では7.7%にすぎず、ツイッターを全く利用していない人が59.7%と大勢を占めています。残りの32.6%はほとんど利用していないか、閲覧が中心という使い方をしています。積極的な情報発信者が少数派であるという傾向は、

図7-4

出所：日経ビジネス 2010年9月13日号 特集「ソーシャルネット経済圏　人の絆が金を生む」

ブログ、フェイスブック、インスタグラムといった他のSNSでも似たようなものです。積極的な情報発信者はそれぞれ10%以下にとどまっています。

人間の需要は連続している

インターネットは自動車と比べて「軽い」技術革新です。光ファイバー、基地局、閲覧端末、サーバーといったハードウエア、そして何より分散的な情報処理のそれぞれを動かし、つなげるソフトウェアという補完財が必要となりますが、それは自動車が必要とした道路や給油所などの広く重く厚いインフラと比べればはるかに軽いものです。

ユーザーにとっての初期投資も自動車と比べれば小さくて済みます。SNSに至っては、手元にスマートフォンが1台あれば可能で、そこに資金的、技術的な制約があるわけではありません。だとすれば短期間で世の中に「激動」をもたらすはずです。なぜSNSは同時代の予測のような爆発的普及にならなかったのでしょうか。

その答えは、同時代の空気の中で新しい技術やサービスにばかり目が向いてしまい、技術を使う側にいる人間の本性についての理解や洞察が疎かになるということにあります。

そもそも「革命」という現象には、（1）過去を否定ないし破壊するような（2）程度において大きな変化が（3）短期間で生じる、という3つの特徴があります。

インターネットという技術そのものは確かに革命でした。これまでの中央集権的なメカニズムなしに情報通信が可能になるという意味で破壊的ですし、情報通信の範囲や速度は飛躍的に増大し、それにかかるコストも劇的に低下しました。必要になる補完財も相対的に軽量級で、技術が十全に機能する条件は短期間で整いました。

ただし、です。技術革新がどれほど非連続なものであっても、人間の**需要は本質的に連続的な性格**を持っています。パソコンのOS（基本ソ

フト）を変えるようには人は変われません。数十年という長期にわたって生き続ける（しかも、寿命はいよいよ長くなっている）人間にとって、現在は過去の延長線上にしかありません。未来も現在と不可分につながっています。新しい技術が過去の技術を破壊し、代替することはあっても、それを利用する人間は常に過去から未来への一本の連続した時間の流れの中に生きています。

　人間で構成されている社会についても同じことが言えます。2000年代の半ば、「インターネットによるビジネスの革命」をテーマにした欧州連合（EU）の国際会議に楠木が出席したときのことです。当時、日本では「米国に比べて日本ではビジネスにおけるインターネットの利用が遅れている」としきりにいわれていました。欧州でも事情は似たり寄ったりで、この会議でも「米国に比べて欧州は後れを取っている」という議論が出てきました。開催地はイタリアのミラノで、イタリアでは当時の日本と比べてもeコマースやマーケティングへのインターネットの利用が遅れているといわれていました。

　会議に出席していたある米国人がその点を指摘すると、欧州の人々から面白い反応がありました。「すぐにインターネットが普及するほど、欧州の文化は浅くない」というのです。

　つまり、こういうことです。インターネットという非連続的な技術には過去を否定し、破壊する面がある。米国のように文化が「浅い」国では過去をリセットして新しいものに全面的に移行するのは相対的に容易かもしれない。しかし、欧州では事はそう簡単ではない。「インターネット革命」への遅れは、かえって欧州の文化的蓄積の豊かさの証明だ、というのです。負け惜しみと言えばそれまでですが、これはこれで一面の真理です。

　最近は中国の「デジタル消費社会」が注目を集めています。先進国よりもはるかに速いスピードで消費市場のデジタル化が進み、中国が世界をリードしていると喧伝されます。それはその通りなのですが、これにしてもスマホ登場以前の中国の小売りや流通業界が、日本や欧州と比べて未発達だったという歴史的背景が要因として大きいでしょう。破壊し

なくてはならない過去が希薄なほど「革命」は起こりやすいのです。

　ビートルズの名曲「Revolution」の冒頭でジョン・レノンはこう歌っています。

　You say you want a revolution（革命が必要だと言う）
　Well you know（そうだよね）
　We all want to change the world　（みんな世界を変えたいと思っている）

　ところが、その後の歌詞はこうなります。

　But when you talk about destruction　（でも話が破壊となると）
　Don't you know that you can count me out　（僕はごめんだね）

　さすがジョン・レノン、人間社会の本質を突いています。革命は過去との決別を意味します。しかし、人間と社会は時間軸上で連続しています。過去をなかったことにはできません。それを無理にやろうとすると、レノンがこの歌で批判している毛沢東の「文化大革命」のようなとんでもないことになってしまいます。「でも話が破壊となると／僕はごめんだね」というフレーズは、人間社会が本来的に持っている連続性を象徴しています。

　技術は非連続でも、それを使う人間と人間の需要は常に連続している。このことを考えると、インターネットの登場による人間と社会の変化は、「革命」（revolution）というよりも、一定の時間幅をもって徐々に進行する「進化」（evolution）といった方が正確です。

　インターネットのような技術的に非連続なインフラが出現すると、ユーザーである人間の連続性との大きなギャップが生じます。その結果、ユーザーの側に「不慣れ」「不安」「不要」という反応が生まれ、これらが技術の普及のボトルネックとなります。以下ではこのそれぞれについ

て検討していきましょう。

ユーザーの「不慣れ」

　第1の「不慣れ」は最も素朴な要因です。新しい情報端末が出てきても、ユーザーの多くはすぐには使いこなせません。既に登場以来十数年が経過しても、高齢者を中心にスマホを使いこなせない（使いこなそうとしない）人は少なからずいます。

　これは今に始まった話ではありません。1994年6月13日号の日経ビジネスは「多くの日本人はパソコンを使いこなせていない」と指摘しており、パソコンが使いこなせない社員のことを「パソ困ミドル」という造語で表現しています（この手の誰も使わないような語呂合わせがスキなのがビジネス雑誌の面白いところです）。

　　図7-5　｜　これまでの日本のビジネスマンのステータスシンボルは秘書や社有車だったが、今後はパソコンを使いこなせる事が重要になりそうだ。

　　（中略）

　　91年に電子メール網を作った高砂香料工業では「キーボードを触りたくない」という理由で電子メールを使わない社員が数多くいる。同社の西下孝夫・情報システム室長は「彼らは電子メールで社長に直言したり、社内情報をいち早く見るチャンスを失う」と言い切る。ネットワークに入らない人を「情報弱者」と呼ぶ人も出てきた。

　インターネット普及以前の1994年の時点でも、パソコンに苦手意識を持つ社員が多くいたことが分かります。その後インターネットが登場

図7-5

出所:日経ビジネス 1994年6月13日号 特集「パソ困ミドル返上 情報武装が日本を変える」

　すると、パソコンを使った仕事の範囲が徐々に広がり、2000年前後には業務での電子メールの利用が当たり前になりました。中高年の人々はいよいよ「キーボード」という関門を突破する必要に迫られました。

　　1999年、生産性の向上と意思決定のスピードアップを狙い、日本企業に"e革命"は浸透し始めました。その中で情報技術（IT）を使いこなす若手社員を尻目に、あなたは今までの仕事の進め方を変えず、パソコンに背を向けた「デジタル窓際族」となっていませんか？

　　情報が電子化されて流れているのに、あなただけは紙で渡さなければならないという手間が、組織の効率化を阻んでいます。2000年にITを駆使した"e組織"で果実を得ようとするなら、今40代、50代が変わらなければ間に合いません。

（出所:日経ビジネス 1999年12月20日・27日号 特集「デジタル窓際族は立ち去れ　インターネット6000人調査　間違いだらけの"e組織"」）

　その後も次々と新しい情報端末が誕生し、旧世代のビジネスパーソンに襲いかかります。次の大きな変化が、2000年代前半の携帯電話の普及でした。この時期になると、パソコンも「携帯電話からネット接続パソコンはもう古い！」（日経ビジネス1999年10月11日号特集「e革命　日米大逆転へ」）と揶揄の対象になります。「これからはパソコンだ！」と信じて不慣れなキーボード操作を克服したにもかかわらず、2000年代は「もう古い！」といわれ、携帯電話という端末に適応しなければならない。2010年代になると「ガラケーはもう古い！これからはスマホの時代だ！」となりました。

　当然のことながら、若い世代ほどすぐに新しい情報端末に適応します。なぜならば、今も昔も若い世代には絶対的に有利な点があるからです。それは「アタマが軟らかい」というだけではありません。**若者は圧倒的に暇**なのです。

　働き盛りの中年世代は責任ある仕事を抱え、子どもの教育など家庭の問題にも対応しなければなりません。ようやく子どもの手が離れると親の介護が始まり、いつも何かに追われています。これに対して若者は「余儀なくされる活動」が少ない。あっさりいえば、暇なのです。

　人間は暇に耐えられません。何かで「暇潰し」をしなければならない。かつてはテレビが暇潰しの横綱で、1950年代には「一億総白痴化」などと批判されたものですが、考えてみれば、いつでもどこでも取り出して使える携帯電話の暇潰し性能はテレビの比ではありません。

　これがスマートフォンになるとなおさらです。とっかえひっかえ、いくらでもアプリを入れられます。スマホこそ最強にして最高の暇潰しツールです。実際に、パソコン、ケータイ、スマートフォンといった新しい端末の黎明期をリードするのはいつでも「ゲーム」という暇潰し商品です。新しい端末が登場するたびに、それに対応したゲーム市場が端末の普及を後押しするという構図が繰り返されてきました。暇潰しに勤勉な若者は、知らない間に新しい情報端末に慣れ、使いこなすようになります。

　歴史は繰り返します。現時点で「デジタルネイティブ」の若い世代も

例外ではないでしょう。2040年ごろには令和生まれの世代から「まだスマホ？」と揶揄されても不思議ではありません。

　仕事と生活に忙殺されるビジネスパーソンにとって、ゲームだけではスマートフォンを使う必然性がありません。その後、徐々にニュースやメッセンジャーなどの日常生活に密着した用途が一般化して、ようやくパソコンからスマホへと移行します。世の中全体としては新しい情報端末は徐々に受容されていくという次第です。

非連続な技術への「不安」

　非連続な技術の普及が当初の予想よりも遅れる2つ目の理由が、ユーザー側に残る「不安」です。インターネットの例でいえば、「セキュリティー」に対する不安です。インターネットの利便性は情報漏洩のリスクと背中合わせです。

　2000年代までの日本企業は、重要な情報を社内独自のデータセンターなどで管理するのが一般的でした。しかし、独自にデータセンターを持つと、巨大な固定費と運営費がかかります。インターネットを介したクラウドサービスを活用すると、自社で固定費を抱える必要がなく、利用するデータ量などに応じて課金されます。そのため、コストの面でも運用の柔軟性の面でも合理的です。

　しかし、これほど合理的なクラウドであっても、その普及は漸進的です。信頼形成はなお途上にあります。2019年には米アマゾン・ドット・コムのクラウド部門「アマゾン・ウェブ・サービス（AWS）」の東京地区で大規模障害が発生し、6時間ほどサービスが停止状態になったことがありました。

　図7-6 ｜ AWSの障害はマクロ視点、つまり社会全般への影響の観点からすると、被害や迷惑が多方面に及ぶ重大なトラブルだった。

図7-6

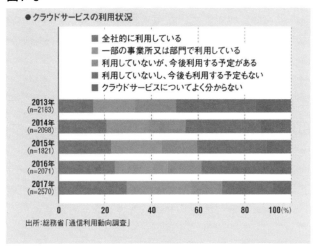

出所：日経 xTECH 2019年9月19日「AWS障害で露見した社会的リスク、寡占状態のクラウドを放置してよいのか」

確認されているだけでも30社以上の利用企業が何らかのトラブル
に見舞われた。EC（電子商取引）サイトにアクセスできなくなっ
たり、スマートフォン決済で支払いやチャージができなくなったり
するなど、多くの消費者にも迷惑をかけた。

（中略）
　クラウドが普及した今でも、リスクを恐れて利用に二の足を踏む
企業は多い。もしそうした企業のIT担当者が今回、30社超に及ん
だ障害全体の大きさを目の当たりにして「やはりクラウドはリスク
が高いな」と考えるようであれば、それは間違いだ。マクロ視点で
の社会的リスクをミクロ視点での自社リスクと取り違えている。

　技術の頑健性や安定性に対するユーザーの不安が払拭されても、デー
タを保有する主体の「意図」に対する不安は残ります。生活が四六時中
ネットにつながり、データがクラウドにたまっていくようになるほど、
プライバシーの侵害についての不安は増大します。現在進行形の話でい

えば、GAFA（グーグル、アマゾン、フェイスブック、アップル）に代表されるプラットフォーマーのデータ利用を規制しようという動きがその典型です。ユーザーの側でも、以前と比べてネットに情報を開示するのを控えたり、SNSと距離を置く人々が出てきました。

「不要」な問題解決の押し売り

　「今こそ激動期！」という同時代の空気がしばしば空振りに終わる3つ目の理由は、インターネット上に登場するさまざまなサービスが、多くのユーザーにとって**そもそも「不要」だという元も子もない事実**にあります。

　既に強調したように、人間は過去から未来への一本の時間の流れの中に存在します。供給側がいくら「画期的な新サービス！」と思っていても、需要側が既存の情報サービスで十分に事足りていれば、それ以上の新しいサービスを積極的に使う必然性や動機はありません。これは近年のウェブサービスで特に顕著な傾向です。

　著者の楠木は昨年祖母を亡くしました。享年107。明治、大正、昭和、平成、令和の5時代を経た上での「ザ・老衰」でした。これだけ長く生きていると世の中の変化を実体験として知っているわけで、生前の彼女との会話はなかなか勉強になりました。

　記憶に残っているものとして、「これまででいちばん生活にインパクトがあった技術革新は何か」という話題があります。この問いに祖母は「電灯」と即答しました。明治生まれの子どもにとって、最初に任される家庭内労働は「ランプの煤取り」だったそうです。電灯になると朝の煤取りの仕事がなくなって、その分ゆっくり寝ることができる。何よりも、当時は家事を一手に引き受けていた母親が、暗くなってからも様々な作業ができるようになったため、1日の家事労働が平準化し、家庭のゆとりが一気に増した、というのです。

　「洗濯機や冷蔵庫やクーラーが出てきたときもずいぶん便利になった

と思ったけれども、電灯が圧倒的。あれほど生活が変わったときはなかった」と祖母は述懐していました。「テレビは？」と聞くと、「初めは驚いたけれども、前からラジオがあったので、そうでもなかった」とのこと。

電灯に限らず、あらゆるビジネスは問題解決です。商品にしてもサービスにしても、顧客の抱える何らかの問題を解決することによって対価を得る。古今東西、これが商売の実相です。

インターネットが問題解決を実現したのは言うまでもありません。電子メールは通信手段として手紙や電報と比べるとはるかに低コストかつ手軽で迅速です。電話が抱えていた同時性の問題も解決できます。だからこそ、メールやチャットはそれまでの手段に代替し、今日のような当たり前のツールとして世の中全体に普及したわけです。

インターネットは基盤技術であり、それ自体がインフラです。その上でパソコンやスマホなどのハードウエアが動き、さらにそこにありとあらゆるアプリケーションが乗ってきます。しかし、その全てが電子メールのような「あからさまな問題解決」になるわけではありません。むしろ、そのほとんどが多くの人にとっては不要なものです。普通のユーザーは出荷時のスマートフォンが持ち合わせている機能でも、その10%も実際には使っていないのではないでしょうか。

電気やガス、水道はそれがなければたちどころに生活が行き詰まってしまう不可欠な技術であり、文字通りの「ライフライン（生命線）」です。前章で取り上げた自動車にしても、車があるのとないのとでは生活が明らかに変わってきます。洗濯機や冷蔵庫やエアコンも（祖母によれば電灯ほどではなかったにせよ）、あからさまなインパクトがあったでしょう。

既に示した情報端末の保有状況の推移を見ると、最も普及スピードが速いのは携帯電話です。生まれてから10年以内に90%を超える保有率になっています。これにしても、「人間が電話のあるところに行かなければならない」という固定電話の問題を、携帯電話があからさまに解決したからです。

インターネット上に出現してきたサービスやツールは、初期の電子メ

ールに代表されるあからさまな問題解決をもたらす不可欠なもの（must-have）が一通り出そろって以降、次第に「あってもよい」「人によっては便利だろう（自分には必要ないが）」というもの（nice-to-have）へと移行しています。スマホ時代になってからはこの傾向はいよいよ顕著です。今日でも「画期的な新サービス」を謳うアプリが次から次へと出てきますが、ほとんどの人にとって不要なものが少なくありません。

　なぜでしょうか。答えは単純で、そのサービスが解決しようとする問題が**既存の手段によってすでに解決されてしまっている**からです。存在しない問題を解決することはできません。問題がないところに問題解決を売り込む、それはもはや「押し売り」です。対価を払おうという人はほとんどいません。ウェブサービスの場合、サービス自体は無料で提供し、広告で収益を得るというビジネスモデルが一般的になっているので、この「押し売り問題」は表面化しにくいのですが、それでもユーザーがお金を払わないことには変わりありません。

　再び卑近な例で恐縮ですが、楠木はいまだにスケジューリングアプリを使っていません。スケジュールは昔ながらの手帳というアナログな手段を使っています。仕事の性質上、誰かとスケジュールを共有する必要もあまりないですし（むしろ、さぼっているのがばれるので知られたくない）、何より手書きの方が速いからです（スマホでの文字入力が遅いため）。各種の「知的生産のためのデジタルツール」もほとんど使っていません。原稿こそパソコンで書き、デジタルファイルをネットで出版社に送りますが、メモを取ったり考えごとをまとめたりするときは、今でも手書きのノートです。個人的にはその方が考えが進むからです。

　このところ次々に発売される「スマート○○」という製品やサービスの多くが広範なユーザーに受け入れられずにすぐに頭打ちになるのは、「**問題解決の過剰**」という押し売り状態になってしまうからです。

　　図7-7 ｜ センサーを搭載し、スマホアプリを見ながら使う「スマート歯ブラシ」が広がっている。歯の状態や磨き方の癖に応じた正し

い歯磨きを自宅で再現できるメリットがある。クラウドで歯科医院とつながるサービスは、疾患予防や医療費削減の可能性も秘めている。

　この記事にある「スマート歯ブラシ」。技術的には効果があるのでしょうが、歯磨きという日常的に高頻度の行為を、毎回わざわざスマホアプリを見ながらやる人はどれだけいるでしょうか。ごく一部の「理想の歯磨き」を追求する歯磨きマニアに限定されると思います。

　要するに、技術的に「できる」ということと、実際に人々が「する」ということの間には大きな隔たりがあるということです。「できる」ことはどんどん出てくるのですが、それが実質的な問題解決をもたらさなければ、ユーザーが「する」には至りません。ましてや対価は取れません。

　人々の耳目を集める斬新な技術やサービスが登場すると、その非連続

図7-7

出所：日経ビジネス2018年3月19日号 テクノトレンド「スマート歯ブラシ 理想の歯磨きを自動で再現」

性にばかり目が向いてしまい、ユーザーがそこから実際に価値を引き出す文脈全体を見る目が曇り、変化を過剰に受け止めてしまう。この章ではインターネットにまつわる激動期トラップを考察しましたが、インターネットに限らずこうした成り行きはこれまでに何度も繰り返されてきました。

　次章では近過去に生まれた「革新的製品」を振り返り、同時代の空気がいかに人間の需要の連続性を軽視し、「世界が変わる」という思い込みをもたらすのか、その成り行きを検討したいと思います。

第8章　忘れられた「革新的製品」

　これまで見てきたように、非連続な技術が登場したとき、それが一夜にして世の中を一変させるという同時代の空気が形成され、激動期トラップが発動します。実際のところ、自動車が広く大衆に普及するまでには数十年という長い年月がかかりました。インターネットにしても、登場から25年を経た現在では、「インターネット革命ですべてが変わる！」という当時の言説は期待過剰であり、現実は「革命」というよりは徐々に世の中に受容されていく漸進的な「進化」でした。

　「木を見て森を見ず」――。ここに人々が激動期トラップにはまる理由があります。人々が現実の仕事や生活の中でどのようにその製品や技術を使い、どのような価値を享受するのか。製品や技術の新規性に目が向くあまり、ユーザーの使用文脈に位置づけた統合的な理解が甘くなりがちです。

　登場した製品や技術が見るからに斬新で、人々に直観的な驚きを与える「木」であるほど、「木を見て森を見ず」というバイアスが発生しやすくなります。見た目のインパクトが強烈な場合、ユーザーの使用文脈という「森」を冷静に見るのは難しくなります。「木」が効果や効率の点で、顧客にとって実質的な価値をもたらすのかどうかを見極める目が曇ります。

　ここでは過去約20年間に彗星のように現れ、いつの間にかフェードアウトしていった同時代の「革新的製品」を振り返り、いかに人々が見た目のインパクトに弱いかを検証します。

　本章で取り上げる「革新的製品」について、その失敗や誤算を批判する意図は毛頭ありません。ここでの関心は、あくまでもそうした商品が出てきたときの世の中の受け止め方にあります。いかに人々が「木を見て森を見ず」という同時代性の罠に陥り、「激動幻想」を抱きやすいかを示すのが本章の考察の目的です。

　それでは、タイムマシンに乗って近過去へと遡ることにしましょう。

最初は約15年前に注目を浴びた「革新的な乗り物」です。

セグウェイ

図8-1 | その姿を見せる前から「夢の乗り物、ジンジャー」として世界中で話題をさらったセグウェイを言葉で説明するのは難しい。なぜなら、全く新しい概念、新しい駆動機構の乗り物だからだ。

　2004年前後に一世を風靡した「セグウェイ」という電動スクーターを覚えているでしょうか。人間が2本足で立って操作するという、これまでとは違った見た目には圧倒的なインパクトがあり、メディアはセグウェイを競って取り上げました。

　セグウェイの注目度は、数ある期待され過ぎた「革新的製品」の中で

図8-1

出所：日経ビジネス 2004年4月19日号 シリーズ企画 動け！ニッポン「"夢の乗り物"で書類送検 技術革新の行く手を阻む道路規制」

もトップクラスといっていいでしょう。当時のジョージ・ブッシュ米大統領は小泉純一郎首相にセグウェイをプレゼントし、小泉首相が首相官邸でセグウェイを乗りこなす姿が報道されました。セグウェイに乗って走るだけで、新しい未来を感じさせるパフォーマンスとして成立した時代があったのです。単なる「新製品」とは一段も二段も格が違いました。

　人々がセグウェイに熱狂した理由は、その強烈なビジュアルインパクトにあります。セグウェイの機能や効用についての知識がなくても、人がセグウェイに乗って動くところを見るだけで、「未来」を感じさせるほどのインパクトがありました。見た目のインパクトが強いほど、メディアも写真や動画で製品を紹介したくなります。セグウェイはあっという間に人々の注目と話題の対象となりました。ユーチューブのベータ版が一般に公開されたのは2005年5月のことです。現在、世界最大の動画共有サービスとなったユーチューブが当時普及していれば、ビジュアルインパクト抜群のセグウェイはさらに大きな注目を集めていたかもしれません。

　セグウェイに注目が集まったもう1つの理由は、人々がセグウェイに「自動車社会を変える」という過剰な期待を寄せたことです。2000年代前半の時点で、「環境問題」は既に世界的に注目されるホットイシューとなっていました。低公害自動車や原子力発電といった「クリーン」で「グリーン」な技術に注目が集まっていたところに、電動のセグウェイが現れたため、多くの人がセグウェイに「環境にやさしい未来の移動手段」というイメージを持ちました。

図8-2　│　コードネーム「ジンジャー」として噂になっていた発明品は、電動スクーターだった。2001年12月の発表では、自動車社会の米国を変える革命的な商品と位置付けられた。短距離用の画期的な移動手段として広がるか、米国での試験導入結果が注目される。

　2020年現在、一般道路を走行している乗り物は依然として普通の自動車やバイク、自転車です。15年前と変わらない風景がいまだに続い

図8-2

出所：日経エコロジー 2002年2月号 Trend &News「噂の発明品“セグウェイ”は自動車社会の米国を変えるか？」

図8-3

出所：日経ビジネス 2006年11月27日号 敗軍の将、兵を語る「ジェームス・ノロッド氏［セグウェイCEO（最高経営責任者）］原因究明より回収を優先」

ています。「夢の乗り物」と期待されたセグウェイを見かけることはあ
りません。

　セグウェイへの注目はわずか数年で過ぎ去りました。2006年には当
時のセグウェイCEOが日経ビジネスの「敗軍の将、兵を語る」で、次
のようにブームを振り返っています。

> 図8-3 ｜ 「これまでなかった市場の成長は、ある程度緩やかなカー
> ブを描いて需要が拡大します。そして、ある一定の点に到達してか
> ら飛躍的に普及し始めるのが一般的です。この市場の特性を創業者
> たちが十分に理解していなかったところに、予想と現実の乖離が生
> じたのだと思います。」。

3Dプリンター

> 図8-4 ｜ 3Dプリンターは、開発や製造というモノ作りの現場だけ
> ではなく、様々な業種や職種にまで変化をもたらす。メーカーと消
> 費者との関係を一変させ、企業内部の業務プロセスにも変革を迫る。
> つまり、産業構造そのものを根本から変えるだけの潜在力を秘めて
> いるのだ。バリューチェーンの川上に位置する企画・マーケティン
> グから、開発、製造。そして川下の販売、アフターサービスまで、
> 至る所に好機と危機が生まれようとしている。

　初めて「3Dプリンター」を見たときの驚きを覚えている人は多いと
思います。実際に使ったことはなくても、立体的な有形物がにょきにょ
きと成形される映像は衝撃的でした。金型では作ることが難しい造形物
も、3Dプリンターを使えば立体的な層を重ね合わせて簡単に作れます。
大規模な設備がなくても、3Dプリンターがあれば自分だけのオリジナ
ルなものが手軽に作れる。何万個と生産しないとペイしない金型を前提
としていたものづくりの歴史における革新的な技術でした。

図8-4

出所：日経ビジネス 2014年9月1日号 特集「号砲！ 3D生産競争 クルマもスマホも印刷できる」

　3Dプリンターへの注目度は、セグウェイに負けず劣らず高いもので した。2013年1月に米国のオバマ大統領（当時）は、3Dプリンターを 約1000の高校に配布する計画を打ち出しました。ブッシュ大統領が外 交手段として小泉首相にセグウェイをプレゼントしたのと似ています。 アメリカの大統領がプッシュする「革新的製品」は要注意なのかもしれ ません。

　一歩引いて考えれば、3Dプリンターは量産には向いていません。現 実的なコスト効率でいえば、金型を用いた従来の製造プロセスには太刀 打ちできません。長年製造業に携わる人々からすれば、3Dプリンター が実際にはごく限定的な製品や用途にしか使えないことは明白でした。

　また、いくら自分のオリジナルな商品を作れるといっても、これだけ 多種多様な商品が世の中にあふれている時代に、それでも自分がデザイ ンした自分だけのモノを作りたいという動機を持つ人はごく限られるで しょう。アマゾンで販売されている大量の品ぞろえの中から選んで買っ

たほうが手っ取り早いし、自分のニーズに合ったものがはるかに低いコストで手に入ります。

　オバマ大統領が全米の高校に3Dプリンターを配った当時、ちょうど楠木の娘が米国の高校に短期留学していました。彼女は授業の一環として3Dプリンターを使った工作実習に参加し、3Dプリンターで自分がデザインしたもの（ごく単純な形状のオブジェのようなもの）ができ上がるプロセスを見て大いに感動したそうです。

　しかし、3Dプリンターを使ってモノを作ったのは後にも先にもこのときだけ。その理由は「特に作りたいモノもないから……」。米国の高校で作ったせっかくの「オリジナル作品」も今ではどこかにいってしまいました。

　3Dプリンターが世の中であれほどまでに注目された理由は、それが作動する様子のビジュアルインパクトに加えて、将来的には「産業革命に匹敵するインパクトをもたらす」という期待を集めたことにあります。この点でも3Dプリンターはセグウェイと似ています。世の中を丸ごと変革するのではないかという期待が、「大量生産には向かない」という限界を覆い隠し、そのポテンシャルに対する評価が先行することになりました。

　2012年にクリス・アンダーソンが出版した『MAKERS-21世紀の産業革命が始まる』（日本語訳はNHK出版）は世界的なベストセラーとなり、日本でも大きな反響を呼びました。この本で「3Dプリンター」と「産業革命」という2つのキーワードが結びつきました。

　例えば、日立製作所の小島啓二CTO（最高技術責任者、当時）は「顧客によりフォーカスすると、良い製品をたくさん作って売るより、数は少ないが顧客が望む製品をしっかり作っていくことが増える。だから、例えば3Dプリンターのような技術は極めて重要になると見ている。次の産業革命という観点からは、メイカーズと、どう協働するかはよく考えたいことの一つだ」（日経エレクトロニクス　2014年6月23日号 Interview　小島啓二執行役常務CTO兼研究開発グループ長「顧客に寄り添う研究開発　革新生む方法論を打ち立てる」）と語っており、「メ

イカーズ」という新しいコンセプトが日本の製造業の専門家にも大きな影響を与えていたことがうかがえます。

　しかし、2020年現在、3Dプリンターに対する一時的な熱狂は過去のものとなりつつあります。試作品や部品製造といった一部の用途では3Dプリンターは活用されていますが、メイカーズがものづくりの主流として台頭する気配はいまだにありません。3Dプリンターの注目株として知られた米3Dシステムズの株価は、3Dプリンターの熱狂時に瞬間的に跳ね上がりましたが、その後は長い低迷期を抜け出せないまま現在に至ります。（**図8-5**）

　『MAKERS─21世紀の産業革命が始まる』の議論は、確かに未来の方向性を提示しています。長い期間をかけて洗練された20世紀までの大量生産の常識が崩れ、21世紀は「メイカーズ」による分散的で柔軟で創発的なものづくりの時代になるという論理展開は依然として刺激的で

図8-5

す。

　今振り返れば、この「21世紀の産業革命」の構想があまりにも広く大きかったことが同時代の空気を醸成したと言えるでしょう。「革命」への過度な期待が、3Dプリンターで実際のところ何ができて、それがどういう価値を誰にもたらすのかを冷静に検討することから人々の関心をそらし、激動期トラップを誘発したわけです。

　3Dプリンターのブームでは、「21世紀の産業革命」といった抽象次元での議論に興味や関心がある「知的なビジネスパーソン」ほど同時代の空気に踊らされた観があります。勉強熱心で、最新のコンセプトや世の中の動向を知ることに熱心な人ほど、同時代性の罠にはまりやすいのかもしれません。しかし、そういう人々の中に「自分も3Dプリンターを使ってモノを作ろう」と実際に動いた人はそれほどいなかったと思います。これもまた非連続な技術と連続的な人間の需要のギャップを暗示しています。

ランドロイド

図8-6 │ 人生で累計1年間を費やすともいわれる洗濯物の折り畳み作業。洗濯物を放り込み、ボタン一つで面倒な作業とおさらばできる。忙しい現代人の関心を集めそうな装置が、2016年度中の予約販売に向けて開発中だ。

　2016年に日本国内で注目されたベンチャー企業の1つに、セブン・ドリーマーズ・ラボラトリーズという会社がありました。会社名ではピンとこない方も多いかと思いますが、「ランドロイド」という製品名を覚えている人は多いでしょう。自動で洗濯物を畳む機械です。

　発表当初、ランドロイドは洗濯物を畳むという煩雑な家事から人間を解放するのではないか、という期待を集めました。ランドロイドに投入された複数の洗濯物は、画像センサーとアームを活用することで自動的

図8-6

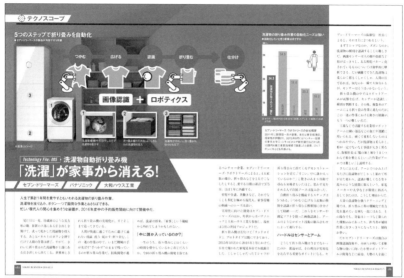

出所:日経ビジネス 2016年2月15日号 テクノスコープ「洗濯物自動折り畳み機 「洗濯」が家事から消える！」

に折り畳まれます。最終的にはきれいに折り畳んだ衣服を収納するところまで自動化する仕組みでした。

　実際にランドロイドの試作品の動きが披露され、大きな注目を集めました。一度に衣服を40枚程度投入することが可能で、家事効率を向上する「夢の機械」というイメージが広がりました。

　その動く様子が見た目に強いインパクトを持つという点で、ランドロイドはセグウェイや3Dプリンターと似ています。これに加えて、ランドロイドが注目を集めた理由として、次の2つがあると考えられます。

　第1に、「洗濯物を畳む」という家事労働がほとんどの人にとって身近な「自分事」であること。3Dプリンターは見た目のインパクトは強烈ですが、自分でデザインしたものを作ったことがある、あるいは作りたいと思っている人は少数派です。これに対して、洗濯は誰もが日常生活で繰り返し経験している家事労働です。自動化のメリットがストレートに想像できるということが、広く注目された1つの原因です。

　第2に、画像認識という最先端の技術を活用した「ロボット」であること。要するにセンサーで対象物の洗濯物を認識して、ロボットのアームを制御しているのですが、これが「これからはAIだ！」「人間の仕事が代替される！」という、当時急速に盛り上がりつつあった同時代の空気に火をつけました。

　「ランドリー」と「アンドロイド」を合成したランドロイドというネーミングも大きかったと思います。この10年、ロボットはAIと並ぶ鉄板の同時代の関心事です。先行して「ルンバ」のような自走式掃除機がヒットしていたこともあって、「家庭にもいよいよロボットが入ってくる」という同時代の空気にマッチしていました。

　セブン・ドリーマーズの計画では2016年度中に衣服の折り畳み専用機の予約販売を開始し、2018年に介護施設や病院向けの洗濯乾燥機と一体型となった製品を発売する計画でした。当初の目標発売価格は、洗濯乾燥機との一体型で30万円以下、折り畳みの専用機では20万円以下で、一般の家庭でも購入できる範囲に狙いを定めていました。

　ところが、ランドロイドが実際に世の中で発売されることはありませんでした。肝心の洗濯物を自動で畳むアーム部分の開発が難しく、開発自体が頓挫してしまいました。セブン・ドリーマーズは巨額の資金調達には成功したものの、2019年4月に破産手続きの決定を受けて事業に終止符を打ちます。負債総額は22億5000万円でした。5年ほど前にあれほど話題になったランドロイドは「幻の製品」となり、人々の記憶から消えつつあります。

グーグルグラス

図8-7 ｜ 頭部に装着するヘッドマウントディスプレー市場が立ち上がり始めた。映像やネット経由の情報を表示。小型・軽量化がさらなる普及のカギだ。スマホの次を担う新端末。コミュニケーションを変える可能性を秘める。

図8-7

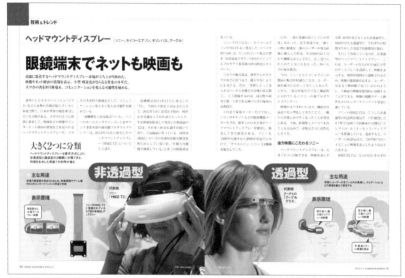

出所：日経ビジネス 2013年3月11日号 技術＆トレンド「ヘッドマウントディスプレー　眼鏡端末でネットも映画も」

（中略）

　　かつて「ウォークマン」の登場により、街中でのヘッドホン装着が当たり前になったように、ヘッドマウントディスプレーを装着することが当たり前になる時代が、そう遠くないうちに来るかもしれない。

　2014年ごろに話題となったヘッドマウントディスプレーも、今となっては期待され過ぎた「革新的製品」の1つです。当時はスマートフォンの急激な成長が一段落したときでした。このタイミングで、スマホの次の画期的な情報端末は何かが関心事になるという同時代の空気が生まれ、こうした文脈の中でヘッドマウントディスプレーに光が当たりました。

　グーグルが「グーグルグラス」を発表し、ヘッドマウントディスプレ

ーへの期待は一気にヒートアップしました。ITの巨人グーグルがハードウエアの領域に参入したことで、「スマホの次はヘッドマウントディスプレー」というイメージが形成されました。日経ビジネスの記事は、ソニー、セイコーエプソン、オリンパス、グーグルの各社が展開するヘッドマウントディスプレーを紹介しており、「スマホの次」でグーグルに対抗できるかを論じています。

グーグルグラスの見た目は「メガネ」です。形状や動きにはセグウェイほどのインパクトはありません。ただし、人が近未来的な装置を顔に装着し、それが人と情報のインターフェースになり、自然言語音声コマンドで手指を使わずに操作ができるという点でこれまでの情報端末と明確な違いがあります。最初の使用経験で感じるインパクトは明らかでした。

しかも、グーグルグラスが注目された背景には「ウエアラブル・コンピューティング」「拡張現実（AR）」、さらにはその上位概念の「ユビキタス・コンピューティング」といった21世紀に入ってからしきりに喧伝されてきた技術進歩の大きなトレンドがありました。こうした同時代の空気とマッチしたこともあって、グーグルグラスは瞬間的に注目を集めました。

日経ビジネスの記事を読み返すと「コミュニケーションを大きく変える可能性を秘めている」と高く評価されていたことが分かります。確かに、スマートフォンとは違ったコミュニケーションができそうな「見た目」でした。

2015年にグーグルは個人向けのグーグルグラスの発売中止を決定し、ブームは過ぎ去ります。普及に至らなかった原因としては、前にお話ししたように、人間が本来的に持っている連続性からして、ユーザーが技術の非連続性を受け入れられなかったことにあります。

1つにはユーザーの「不安」です。グーグルグラスの一般向け発売が中止された当初は、主としてプライバシー侵害のリスクが中止の理由として指摘されました。人々がグーグルグラスを装着することで顔認識機能を使って公共の場で他人を識別したり、気づかれないようにプライベ

ートな映像を記録したり会話を録音したりするのではないか、という懸念がありました。

それ以上に大きな理由は、そもそもグーグルグラスがほとんどのユーザーにとって「不要」だったことにあります。

グーグルグラスの製品開発ディレクターのスティーブ・リー氏は2013年のインタビューで、「グーグルグラスの最重要なテーマは、人間の意識からテクノロジーを取り去り、テクノロジーを人間にとってより自然なものにすることにある」と強調していました。ところが、人間の需要の連続性を考えると、開発者の意図とは逆に、グーグルグラスの提供価値には人間にとって不自然な面が多分にありました。

道案内や天気予報、顔の画像認識による人についてのメモ、天気予報の表示、ユーザーが実際に見ている対象をそのまま写真やビデオにするなど、日常の行動の中でわざわざデバイスを取り出して手を動かす必要はない（ウェアラブル）という意味で、グーグルグラスの技術は人間にとって自然に見えます。しかし、考えてみればこうした機能はどれもスマホで簡単にできることばかりです。

グーグルグラスが話題になった当時、楠木が情報技術の最先端の分野で仕事をしている知人にグーグルグラスの可能性をどう見るかと尋ねたところ、彼は即座に「普及しないだろう」と答えました。その理由を聞くと、一言「ヘンだから」。

「ウェアラブル」というと便利なように聞こえますが、メガネをかけなければならないというのは人間にとってストレスになります。ARにしても日常生活の視界にいきなり情報が表示されるというのは、普通の人間にとって不自然です。そんなことをするぐらいなら、慣れ親しんだやり方で指を動かしてスマホのスクリーンを見たほうがよっぽど自然でストレスがない、というのが彼の洞察でした。

あらゆる商品やサービス、ビジネスは問題解決であるということは前に話した通りです。グーグルグラスにも「問題解決の押し売り」の面があったように思います。現在でも、人々は依然としてスマホの画面上で指を動かして、検索したりチャットしたり動画を閲覧したりしています。

「スマホの次」という供給側の視点が先行し、人間の連続性と使用文脈を軽視した――。ここにグーグルグラスの挫折の本質的な要因があったといえます。

「ユビキタス」「ウェアラブル」のような強力な同時代の空気が醸成されると、耳目を集めるキーワードをまといつつも、その実「問題解決の押し売り」になってしまうという事例は少なくありません。これまで時計型、リストバンド型、眼鏡型、指輪型、靴型、ペンダント型と、様々なウエアラブル・デバイスが提案されてきましたが、ほとんどが商品としてはパッとしませんでした。

相対的に成功しているのは、現時点ではスマートウオッチでしょう。「アップルウォッチ」を使っている人は、今では多く見かけるようになりました。確かに行動記録や健康管理というウェアラブルに固有の特徴を生かした機能は便利なのかもしれません。ただし、アップルウォッチの一定の成功にしても、機能的な問題解決よりも、アップルの強烈なブランド力を背景にした「おしゃれ」「自己表現」のほうにより大きな価値がありそうです。

個人的な好みとしては、楠木はいまさらスマートウオッチを身に着けようとは思いません。時計もスマホもあるのに、何が便利なのかと不思議に思い、スマートウオッチをしている友人に聞いてみました。「いや、実に便利だよ。スマホを見なくても時間が分かる」とのこと。ようするに「時計」というわけです。

笑ってしまうのは、2015年にトリンプ・インターナショナル・ジャパンが発表した「ウェアラブル女子力アップブラ」です。「ブラジャーもついにデジタルデバイス化」という触れ込みで、「話しかけると女性の自信を高めてくれる返事や反応が返ってくるブラジャー」です。

会話は、呼びかけに応じて「とってもきれい」「最高に輝いているね」など4パターンを用意。カップの中心にある「ドキドキスイッチ」を押すと、高まる胸のときめき感をあなたに代わって相手に伝えてくれる「ドキドキライト」が点滅。ときめき度（心拍数）に合わせて点滅パターンが変わります――というのですが、これはさすがに悪ノリのジョーク

でしょう。だいたいブラジャーが「ウェアラブル」なのは当たり前。もちろんプロトタイプだけの非売品です。グーグルグラスが火をつけた激動幻想も2015年には一段落したということかもしれません。

　この章では過去約20年間における「革新的製品」を振り返りました。ご紹介した商品は氷山の一角にすぎません。他にも大きな話題を振りまき、「激動」を予感させながらも、いつの間にか忘れ去られていった製品は枚挙に暇がありません。

　いずれの事例にも共通しているのは、人々が一目で驚くような新規性の高い商品に熱中するあまり、真の提供価値が何なのかを考えなくなってしまうことです。「あっと驚くインパクト」は激動期トラップが作動する強力なスイッチになります。

　「マジックワード」が同時代の空気をつくっている場合、激動期トラップはいよいよ顕著になります。今回取り上げた事例でいえば「AI」「ロボット」「環境」「ユビキタス」はいずれも同時代のマジックワードでした。見るからにインパクトのある革新的な製品に出合った人々は、そのすごさの根拠を「マジックワード」によって論理を飛び越えて正当化します。「AIを搭載しているからすごい」というのは単なる思考停止です。

　激動期トラップを誘発する同時代の空気には、人々の時代認識が深く関わっています。次章ではいかに人々が間違った時代認識に流れやすいかを検証します。

第 9 章 ｜ 激動を錯覚させる 「テンゼロ論」

　「期待され過ぎた革命的製品」の例にあるように、見た目のインパクトが強い製品やサービスが出てくると、それを見た同時代の人々は「世の中が変わる！」と思い込みがちです。

　こうした激動期トラップの背景には、その製品が出てきた時点で世の中に漂っている同時代の空気があります。逆に言えば、人々が漠然と共有している同時代の空気が、その製品を（実際はそれほどでもないのに）「革命的」「画期的」に見せるわけです。人々は往々にして過剰に単純化された時代認識へと流れがちです。その結果、地に足の着いた大局観を喪失してしまいます。

　2010年ごろから「**テンゼロ論**」――「○○2.0」や「××3.0」という時代認識――が目に付くようになりました。時代をいくつかのフェーズに区切って、「これまでにない新しい時代に突入した！」という言説です。「××3.0！」というと、いかにも従来の2.0の時代から相転移（一定の温度で氷が水に、水が蒸気に変わるような質的なフェーズのシフト）が起こるような印象を与えます。こうして「今こそ激動期」という同時代の空気が醸成されるのですが、その多くは眉唾物です。

　以下ではいくつかの「テンゼロ論」を考察します。まずはその典型例として2015年前後の「商社3.0」という時代認識を検討してみましょう。

「商社3.0」

　今、商社業界は大きな岐路を迎えている。手数料ビジネスで稼いだバブル崩壊前の時代（商社1.0）から、2000年代以降、資源を中心とした投資ビジネスへと比重をシフト、純益規模は一気に膨れ上がった（商社2.0）。しかし、その後、資源価格の下落が続き、各

社とも減損を計上。商社各社は、商社3.0ともいうべき新たなビジネスモデル創出へ向け、もがいている。商社3.0の時代の商社のビジネスモデルとは何か。

（NewsPicks「2015年12月連載特集記事「商社3.0」」）

　メディアはとかく「テンゼロ」論へと走ります。ニューズピックスの記事を引用しましたが、最近の日経ビジネスでも、中国の政治の情勢を「国家資本主義2.0」として理解する記事を特集しています（2019年7月1日号）。

　商社についていえば、伝統的な口銭ビジネスの時代が「商社1.0」、近年の資源を軸とした事業投資ビジネスの時代が「商社2.0」、そして現在から未来が「商社3.0」という時代区分です。シンプルでわかりやすい切り口なので、一瞬「そうか、商社は新しいフェーズに突入するのか……」と思わされます。しかし、冷静に過去を紐解いてみれば、「商社3.0」という時代認識は空疎な話です。

　「商社3.0」は、商社が資源投資一本やりから決別し、川上から川下までバリューチェーンを拡大する時代だと言います。このような物言いには同時代の空気が色濃く反映されています。このころ、資源依存度が高い三井物産や三菱商事、シェールガス投資に失敗した住友商事が稼ぐ力で伊藤忠商事に抜かれるという出来事がありました。「商社3.0」論の実相は、こうした同時代のごく表面的な経営環境や業績の変化にかぶせて、今後は資源から非資源の時代だ、と言っているだけです。事の本質ではありません。

　ビジネスにおける本質的な変化とは何でしょうか。それは**「どうやって儲けるか」が変わる**ということです。稼ぐロジックの本質が変わることはめったにありません。それが証拠に、「テンゼロ」論は多くても4.0か5.0ぐらいまでで（例えば後述する「インダストリー4.0」「ソサエティー5.0」）、「12.0」とか「28.0」という話は聞きません。

　長い歴史のあるWindowsだってまだ10です（しかも途中をちょいちょい飛ばしている）。これにしてもOSのバージョンの変化というだ

けの話で、マイクロソフトという会社の商売のロジックは、せいぜい1.0から2.0に変わる途上です。表層的な商品は次々に変わっても、深層にある商売のロジックの変化は長いスパンでしか起きません。

極めて変化の激しい業界にあるグーグルでさえ、この10年で稼ぐ力の正体はさほど変わっていません。次から次へと新しいサービスをリリースし、事業領域を拡張していますが、利益の源泉は依然として広告に依存しています。

もちろん現象のレベルではあらゆる業界で日々変化が起きています。総合商社のような歴史がある業界では、基準の取り方次第でもっと細かくフェーズを分けることもできます。例えば、以下のような「商社8.0」論も十分に可能です。

1.0： 貿易権益を外国商社が牛耳る時代：明治時代
　　　→神戸居留地の外国人貿易商が権益を握る
2.0： 日本人が外国商社を国内から駆逐した時代：大正時代から戦前まで
　　　→ベンチャー起業家が商社を起業し、外国人貿易商を駆逐
3.0： 繊維取引で世界展開を試みた時代。1950年代
　　　→関西五綿八社の黄金時代
4.0： 非繊維取引＝総合化に活路を見出した時代：1960年代
　　　→伊藤忠と丸紅が繊維取引を縮小し、総合商社を志向
5.0： 資源開発で明暗が分かれた時代：1970年代
　　　→三菱商事LNG成功、三井IJPC物産失敗、安宅産業NRCで倒産
6.0： 「財テク」に活路を見出した時代：1980年代
　　　→高度成長の終焉を受けて、各商社が金融取引で利益を捻出
7.0： 資源開発に活路を見出した時代：2000年代
　　　→三菱・三井・住友が資源価格の高騰で恩恵を受ける
8.0： 商社のこれからの未来：2010年代以降

このように表層の変化をいちいちカウントしていたら、歴史の長い業界では、たとえば「自動車11.0」とか「食品28.0」というように、やたらと大きな数字がつくことになってしまいます。

「商社冬の時代」

「テンゼロ」論が発明（？）される前から、商社は人々の時代認識の準拠点としてたびたび言及されています。1982年の日経ビジネスの記事は「商社冬の時代」というインパクトの強いキーワードで時代認識を表現し、商社の動向に注目しています。

> **図9-1** ｜ 総合商社に「冬の時代」がやって来た。国内外に経済成長が鈍化する環境下で、収益力は、悪化する一方だ。国内には構造不況産業を主力取引先にかかえ、海外でのカントリーリスクは高まるばかり。先端技術分野への進出もままならず、企業内は高齢化社員の大集団。10年後には総合商社の数は5、6社に減るともいわれる。生き残りの条件は唯一つ、経営トップの先見性と決断力だ。

冷静に考えれば、「総合商社冬の時代」という言説はその時点での総合商社の業績が悪いことを示しているに過ぎません。しかも、このキーワードは業績が悪い原因に立ち入るものではありません。これもまた同時代の空気に流された時代認識で、大局観というほどのものではありません。

商社ビジネスは「市況変動への対応」を繰り返してきました。1950年代の商社の業績は「繊維相場」の影響に大きく作用されており、伊藤忠は「繊維相場の神様」と呼ばれた越後正一氏（のちの伊藤忠社長）の神がかった売買判断によって巨額の利益を獲得しました。その後、1960年代に伊藤忠の社長に越後氏が就任し、投資先を「繊維取引」から「機械取引・資源取引」にシフトさせて同社を総合商社へと業態転換

図9-1

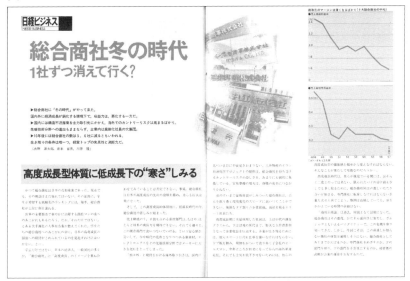

出所:日経ビジネス 1982年3月22日号 特集「総合商社冬の時代 1社ずつ消えて行く?」

します。

　その後、1970年代に日本の繊維産業は危機的な状況に陥り、大阪に拠点を置く有力な繊維商社は相次いで姿を消しました。伊藤忠は取扱商品の総合化によって危機を回避しています。

　市況変化への対応を誤った商社に安宅産業があります。総合商社の一角であった安宅産業は1975年に経営破綻をきたしました。オイルショックで石油価格が予想外に高騰したことが破綻の原因でした。安宅産業は中東から安い石油を輸入するための石油精製拠点を北米に建設していましたが、石油高騰で従前のシナリオが頓挫してしまったのです。

　三井物産も1980年代にIJPCのプロジェクト（イランジャパン石油化学）で歴史的な大失敗を経験しています。三井物産は倒産には至りませんでしたが、この時期の三井物産はIJPC の敗戦処理に追われ、同社の状況は「冬の時代」を超えた「氷河期」と形容されました。

図9-2

出所：日経ビジネス 1982年8月9日号 ケーススタディ「三井物産『物産マン』が健在であるうちに……」

図9-2 かつてない危機感が、三井物産の社員の間に広がっている。IJPC（イラン・ジャパン石油化学）事業の失敗が原因となっているのは確かだが、それ以上に大きな問題がある。低下の一途をたどる利益率、素材という斜陽産業を抱えるジリ貧の構造、成長部門への出遅れ、そして社員の中高年化。もはや名門の看板には頼っていられない。そんな不安感が物産マンの心をおおい始めたのだ。

　すでに見たように、2010年代後半に資源価格が下落して総合商社が巨額の特別損失を計上したことが「商社3.0」論の背景にあったのですが、市況変化への対応を経営の根幹とする商社が市況に影響されるのは当たり前です。市況変動に大きく左右されるという本質には全く変わりがありません。

商社はいまだに「2.0」

　確かに「商社1.0」から「商社2.0」へのシフトは本質的な変化でした。会社の間に立ったトランザクションから、投資を伴う事業へと、稼ぐ力の中身が変わっています。

　かつての「商社1.0」の時代、商社の口銭商売には大きな存在理由がありました。日本の企業活動のフロンティアが急速に広がっていったからです。高度経済成長期、日本の産業構造の基盤は加工貿易にありました。製造業を中心に、日本の製品がアメリカやヨーロッパ、アジア、アフリカにどんどん輸出されました。企業活動の地理的なフロンティアが文字通りグローバルに、地球の隅々まで拡大していきました。

　しかし、当時の日本のメーカーには海外での事業展開の経験やノウハウを持っている人は限られていました。海外の言語や法制度にも疎いメーカーにしてみれば、貿易実務や現地の法律に詳しく、外国語にも堪能な商社の助けを借りたほうがいいに決まっています。

　1960年代、楠木は南アフリカのヨハネスブルグで育ちました。父は機械部品の会社のアフリカ拠点の支店長でした。ただし、まだ20代の若手社員で、支店長といっても最果ての地に部下も上司もいない「一人屋台」でした。

　当時の日本の内需は限定的でした。設備投資をして物をつくる以上、世界を相手に売るしかありません。なんのツテも経験もない若い日本人が、世界のあちこちに飛び出して行きました。当時は世界中に「グローバル突撃兵」とでもいうべき若い日本人がたくさんいたのです。

　そんな中、輸出ビジネスの前線で日本人コミュニティを取りまとめたり、現地の商売を先導したり助けたりする役割を果たしていたのが総合商社でした。国際化を始めたばかりの日本の企業にとって、総合商社は「グローバル前線基地」とでもいうべき存在でした。

　当時のように、日本企業にとっての未開のフロンティアが多く残されていた時代、「商社1.0」はとても頼りになる存在でした。ところが、何十年かそういうことをしているうちに、地球上にフロンティアは、ほと

んどなくなってしまいました。いつの時代も起業家精神の中核にはフロンティアの拡張があります。しかし、今や未開の地は宇宙くらいしかありません。だからこそ成功した起業家には宇宙事業に挑戦する人が多いのかもしれません。

　商社に依存していた日本の企業も、海外での商売の経験を重ねているうちに、自分たちで商売ができるようになりました。当然のことながら、トランザクションを軸足とする商社のビジネスモデルは衰退していきます。そして、商社不要論をささやかれた「冬の時代」を経て、商社は自ら事業投資に乗り出し、幅広い事業ポートフォリオを抱える「商社2.0」に変容しました。

　しかし、この変化にしても実際はゆっくりと起きたことです。「はい、1.0はここまで。明日から2.0の幕開けです」という話ではありません。これまでもさまざまな例で見てきたように、大きな変化ほど時間がかかるのです。

　「商社3.0」というものはなく、**2.0でおしまい**というのがわれわれの見解です。もし「3.0」があるとすれば、商社が内部に抱えている事業が資本もオペレーションも独立し、それらを束ねてきた「総合商社」というヒト・モノ・カネの大きな受け皿がなくなるときだと思います。つまり、かつての財閥解体のような成り行きです。当面、可能性はかなり低いとは思いますが、そうなれば質的な変化といえるでしょう。しかし、そのときはもはや「総合商社」という存在はなくなってしまいます。どっちにしろ「商社3.0」はないことには変わりません。

　資源から非資源へのシフトは稼ぐ領域が変わっただけで、稼ぐ仕組みそのものが変化したわけではありません。短期的に「資源から非資源へ」がテーマになったとしても、すべての総合商社がその方向に動くことはないでしょうし、またその必要もありません。

　非資源ビジネスにかじを切り、資源ビジネスで先行していた三井物産や三菱商事とは違った方向を打ち出す――。確かに伊藤忠の戦略は秀逸でしたが、むしろ今まで商社各社の違いや事業のバリエーションがなさすぎた、といったほうがよいでしょう。

　「商社2.0」の中で各社が進化するということは、総合商社の間により
いっそうの違いが出てくるということです。これからいよいよ各社の
戦略が問われるようになります。しかし、それは「商社3.0」という相
転移ではありません。

「インダストリー4.0」

　「インダストリー4.0」というキーワードが数年前にブームとなりま
した。インダストリー4.0は2011年にドイツが提唱した政策構想で、
2014年ごろから日本でも注目されるようになりました。
　インダストリー1.0が18世紀の蒸気機関の発明による工業の発達、2.0
が電力の普及による大量生産の実現、3.0が1970年代から本格化した
コンピューターの活用による生産の自動化、という時代区分です。来る
べきインダストリー4.0は製造業のさらなるデジタル化です。インター
フェースの標準化を進め、工場や生産設備、製造機器をIoT（モノのイ
ンターネット）でつなぎ、大企業だけでなく中小企業も含めて国全体を
ひとつの「スマートファクトリー」にするという構想でした。

　図9-3　｜　2015年、世界は久々の「産業革命」を目の当たりにする。
自動車業界の頂点に立つトヨタ自動車がIT（情報技術）企業の下請
けになり、日本が得意のモノ作りでインドにあっさり抜かれる──。
企業や国の序列が至る所で逆転し始めるのだ。歴史をひもとけば、
このような革命は今回が4度目に当たる。

　「第4の産業革命が始まる」というメッセージは、製造業だけでなく、
広範な人々の注目を引きつけました。それにしても、タイムマシンで近
過去に旅していると、**いつの時代も何かしらの「産業革命」が進行中な**
のが面白いところです。
　前回取り上げた3Dプリンターのブームも「産業革命」という文脈で

図9-3

出所：日経ビジネス 2015年1月5日号 特集「日本を脅かす第4次産業革命 日独印、次の勝者は誰だ」

　語られました。オリンピックですら4年に1回なのに、「産業革命」は毎年のように起きている――。革命は定義からして非連続な現象です。**非連続は連続しません**。産業革命の毎年開催は無理な話です。

　話を戻します。「4.0」という言葉には「激動」を感じさせるインパクトがありました。日本の経営者も「インダストリー4.0」という言葉に反応しています。2015年に当時のTDK社長の上釜健宏氏は、次のようにコメントしています。

図9-4　「最近、『インダストリー4.0』という単語をよく聞くようになりました。ドイツが発祥の言葉で、4回目の産業革命を意味します。4.0は部品の流し方や管理手法など工場の効率化を重視しているので、TDKとしても無視できない。でも、そのまま「乗っかる」のは何となく"しゃく"じゃないですか。そこで私は『インダストリー4.5』を目指せと提唱しています」

図9-4

出所：日経ビジネス 2015年6月8日号 編集長インタビュー TDK社長 上釜健宏氏「一貫生産に再度こだわる」

　ものづくりの歴史を振り返ると、確かに質的な変化が何回かありました。ドイツの政策に端を発するインダストリー4.0は、蒸気機関→電力→コンピューター→（コンピューターの）ネットワークという、どちらかというとインフラの変化に注目した時代区分を採用していますが、「ものづくりのやり方」にフォーカスすると、以下のような区分が妥当だと思います。

- ものづくり前段階：クラフト型少量生産
- ものづくり1.0：機能分業した組織による少品種大量生産の確立
- ものづくり2.0：20世紀初頭に確立したフォード生産システム（内製化・標準化した部品の流れ作業での組み立て方式による品質の安定化とコスト低減）
- ものづくり3.0：20世紀後半に確立したトヨタ生産システム（「必要なものを必要なときに必要なだけ」後工程が引っ張ってくるとい

うリーン生産方式により、ムダをなくしつつ多品種生産に柔軟に対応）

　この時代区分を採用すると、2015年前後に注目された「インダストリー4.0」は、トヨタ生産システムの延長上にあると理解できます。トヨタ生産システムの本質は、サプライヤーを巻き込んだものづくりのプロセス全体にわたる最適化にあります。かつてのトヨタでは「カンバン」などアナログな方法で工程がつながれていましたが、現在ではトヨタのみならず、リーンな生産システムを志向する企業ではコンピューターを使ったデジタルネットワークが普通に使われています。

　問題は、個別企業のサプライチェーンを超えて、国や地域全体がデジタルネットワークでつながり、オープンな生態系として丸ごと連動するかどうかです。ここまで行けば確かに質的な変化であり、「インダストリー4.0」といえそうです。

　しかし、それは口で言うほど容易ではありません。2つの大きな理由があります。第1に、インダストリー4.0の核心にある「個別企業を越えた標準化」がそう簡単ではないという事実です。1つの工場内で製造装置や機械をつなぐための標準化はもちろん、複数の工場（生産ライン）間をつなぐシステムの共通化が不可欠になります。さらには原価管理や品質管理に必要なデータまでも企業の境界を越えて標準化する必要があります。

　ところが、現実には既に多種多様なセンサーやFA（ファクトリーオートメーション）機器が様々な工場で稼働し、それぞれが異なった通信方式を採用しています。一番手前にある装置をつなぐための標準化ですら容易ではありません。ましてや、生産ライン丸ごとの連動や、原価や品質などの生産ラインを管理するデータの共通化となると、ハードルは極めて高くなります。

　企業はそれぞれのものづくりの中で、それぞれに技術を蓄積しています。工場やその管理システムは、そもそも**「部分最適化の集大成」**という性格を持っています。製造装置レベルでの標準化もままならないので

すから、より上位にある生産ラインのシームレスなつながりは相当に難しいと考えたほうがよいでしょう。

　第2の、さらに厄介な問題は、インダストリー4.0の提唱する「オープンでシームレスなつながり」を個別企業が歓迎しないということにあります。インダストリー4.0は実現が「難しい」以上に、肝心の経営主体にとって「**やりたくない**」という面があるのです。

　ものづくりに限らず、企業の競争力は「他社にできないことができる」「他社が知らないことを知っている」という独自性にあります。競争力がある工場ほど「部分最適化」の度合いが大きくなるといってもよいでしょう。

　インダストリー4.0の本家本元のドイツでは、大手企業の系列に属さない「ミッテルシュタント」と呼ばれる中小企業群が製造業において重要な役割を担っています。ミッテルシュタントには同族企業が多く、技術蓄積への強いこだわりを持っています。現場現物主義の経営スタイルで技術やノウハウに磨きをかけたミッテルシュタントの中には、グローバルに通用する高収益企業が数多くあります。

　ドイツを代表するシーメンスやボッシュといった大企業はもちろん、こうしたワン・アンド・オンリーの独自性を追求する中小企業にとって、インダストリー4.0はある意味で「迷惑な話」です。ものづくりのあらゆるレイヤーで外部とのオープンなネットワークを強制されてしまえば、肝心要の競争力を失うことになりかねません。

　ブームの真っ盛りにあって、TDKの当時の社長が言った「そのまま『乗っかる』のは何となく“しゃく”じゃないですか」というのは、経営者ならではの直感です。企業経営者の論理と心理からすれば、「スマートファクトリー」はあまりスマートな選択とは言えません。

　インダストリー4.0の構想が提起されて10年近くが経過した現在、ドイツ政府が当初に設定したロードマップは遅々として進んでいません。日本でも2015年をピークに、インダストリー4.0のブームは沈静化しています。(**図9-5**)

図9-5　日経ビジネスで「インダストリー4.0」というキーワードを
　　　　扱った記事数

2011年	0件
2012年	0件
2013年	0件
2014年	4件
2015年	25件
2016年	17件
2017年	10件
2018年	6件
2019年	5件

（日経BP記事検索サービス「日経BPビズボード」調べ）

　IoTなどのデジタル技術のものづくりへの応用が進んでいくのは間違いありません。しかし、企業経営の本質は変わりません。競争優位を求めるという企業の本性を考えれば、インダストリー4.0が夢想した「オープンな生態系」の実現は難しいでしょう。「ものづくり3.0」に徐々にデジタル技術やネットワークが浸透し、3.1、3.2……という進化の過程が今に至るまで続いていると見るのが妥当な認識だと思います。

「ソサエティー5.0」

　「インダストリー4.0」に限らず、政府による政策提言は古今東西「バラ色の未来」に向けた「掛け声」になるという性質を多かれ少なかれ持っています。
　それにしても、です。科学技術基本計画の第5期（2016年度~2020年度）のキャッチフレーズとして日本が提唱する「ソサエティー5.0」となると、もはや**底が抜けている**としか言いようがありません。
　狩猟社会（1.0）、農耕社会（2.0）、工業社会（3.0）、情報社会（4.0）

に次ぐ第5の新たな社会を、デジタル革新を最大限活用して実現する
――おそらくドイツの「インダストリー4.0」に影響されたのでしょうが、
「掛け声ここに極まれり」です。

　「サイバー空間（仮想空間）とフィジカル空間（現実空間）を高度に
融合させたシステムにより、経済発展と社会的課題の解決を両立する新
たな社会」とソサエティー5.0は定義されています。「情報社会が4.0な
らば、5.0は何なんだ」と誰しも思うのですが、答えは「新たな社会」。
全力で脱力するしかありません。

　さすがにこれではまずいと思ったのか、経団連は2018年にソサエテ
ィー5.0を「デジタル革新と多様な人々の想像・創造力の融合によって、
社会の課題を解決し、価値を創造する社会」と再定義し、「創造社会」
と命名しました。どちらにせよ、情報社会の延長上にあるもので、4.0
と5.0の間に特別の質的変化があるとは思えません。実態はせいぜい「ソ
サエティー4.1」（「4.01」か？）といったところです。

　政府は「単なる効率化・省力化にとどまることなく、まったく新しい
付加価値を創出することによって、まさに革命的に生産性を押し上げる
大きな可能性を秘めている」とぶち上げるのですが、「まったく新しい
付加価値」が具体的に何なのか、「革命的に生産性を押し上げる」がど
ういうことなのか、ぜひ知りたいところです。ひとつのアプローチとし
て、経済産業省から「Connected Industries（コネクテッドインダ
ストリーズ）」が提唱されていますが、これにしても内容は「インダス
トリー4.0」の焼き直しです。

　ここまで漠然とした話であれば、もうこの際「何でもあり」「何でも
乗っけ放題」です。国連が提唱するSDGs（Sustainable
Development Goals：持続可能な開発目標）は現時点での「同時代
の空気」のヘビー級チャンピオンといってもよいコンセプトですが、経
団連は早速これとひっかけて「Society 5.0 for SDGs」と言い出して
います。**「何でもありは何もなし」**を地で行く迷フレーズです。

　「経済発展と社会的課題の解決を両立する新たな社会」といわれて反
対する人は誰もいません。高校野球のチームが「行くぞ、甲子園！」と

163

掛け声をかけているようなものです。2020年の現在は科学技術基本計画第5期の最終年度に当たりますが、心配ありません。2030年に「ソサエティー5.0」を覚えている人はおそらく誰もいないでしょう。

　さまざまな「テンゼロ」論の落とし穴について考察しましたが、この手の言説は「時代の相転移」を連想させ、しばしば「激動トラップ」を誘発します（ソサエティー5.0は話がゆる過ぎて、さすがに激動を感じる人はいないでしょうが）。こうしたときこそ「逆・タイムマシン経営論」の思考法が有効です。いったん近過去へと遡り、過去をひもとき、その延長上に未来を考えれば、「テンゼロ」論の多くは馬脚を現します。

　「○○3.0」というならば、その前の「2.0」が実際のところ何なのか、「2.0」と「3.0」の決定的な違いは何か、さらに「4.0」はあり得るのか、あるとしたらそれは何なのか──。「今こそ激動期！」と走り出す前に、まずは立ち止まって変化の本質を論理で考えてみることが大切です。

　「歴史は後ろ向きの預言者である」──ドイツの文学者、アウグスト・シュレーゲルの言葉です。いついかなる時代も大きな歴史の流れの中にあります。過去から連綿と続く歴史を振り返ることなしに、正しい時代認識と大局観は得られません。現れては消える「テンゼロ」論は、この不変の真理をわれわれに教えてくれる格好の反面教師です。

第10章　ビジネスに「革命」はない

　ここまで第2部では、「激動期トラップ」とわれわれが呼ぶ同時代の罠について考察してきました。タイムマシンに乗って近過去に遡り、「自動車」「インターネット」「革新的製品」「テンゼロ論」を検証したわけですが、いずれの事例もいかに人々が「今こそ激動期！」という思い込みに陥りやすいかを物語っています。

　過去の記事のアーカイブを眺めていると、メディアは常に「今こそ激動期！」と叫んでいるのですが、**今こそ平常期！**という言説にはついぞお目にかかったことはありません。この「激動の10年」でご自身の仕事や生活が実際のところどれだけ変わったのか、冷静に振り返ってみてください。

　インターネットが普及し始めた当時を振り返ると、四半世紀を経た2020年ごろには「あらゆるホワイトカラーの仕事がリモート化し通勤がなくなる」「スーパーマーケットがなくなる」という未来を真顔で論じる人が少なくありませんでした。確かに電話をかけたり、銀行に振り込みに行ったりすることは少なくなりました。多種多様な商品を自宅に居ながら買えますし、最適な交通経路をその場で調べ、スマートフォンで地図を見ながら目的地にたどり着けるようになりました。これを書いている時点で世の中は依然としてコロナ騒動下にありますが、それでも多くの人がオフィスへの通勤を再開し、仕事の帰りにスーパーで買い物をしています。

　これまで見たように、「激動期！」といっても多くの場合その実体は長い時間をかけた漸進的な変化です。場合によっては、激動といいながらほとんど何も起きなかったという「大山鳴動して鼠一匹」を地で行くケースもしばしばあります。局所的な変化を拡大解釈して「今こそ激動期！」と騒ぎ立てるのは、ビジネス社会に深く埋め込まれた宿痾のようなものです。これからも激動期トラップが続々と出現することは間違いありません。

「マジックワード」が同時代の空気を増幅する

　激動期トラップが作動するメカニズムは、第1章で論じた「飛び道具トラップ」のメカニズムと通底しています。飛び道具トラップと同様に、激動期トラップが作動する背景には「同時代の空気」があります。本章で検証した事例でいえば、「情報化」「ネットワーク化」「エコロジー」といったメガトレンドが同時代の空気を醸成します。

　同時代の空気に「激動」の火を付けて増幅するのが、同時代のノイズです。激動期トラップの場合、それはしばしば**マジックワード**として現れます。

　マジックワードとは、ある製品や技術が世の中に大きなインパクトを与える根拠として出てくる言葉です。自動運転が過剰な期待を集めるのは、それがAIやIoTやDXといった現時点で横綱級のマジックワードと結びつくからです。3Dプリンターがブームになったときは、「第4次産業革命」というマジックワードが「激動感」を大いに増幅しました。

　第1部で考察したように、飛び道具トラップは、特定の経営ツールや施策が成功事例の論理文脈から引き剥がされ、同時代の人々に万能の「ベストプラクティス」として認識されることによって生じます。これと同じように、人々の注意や関心が特定の要素（製品や技術や市場変化）に集中し、それがマジックワードと結びついたときに激動期トラップが作動します。

　既に見たように、ビジュアルインパクトの強い製品が激動期トラップを誘発しやすいのは、それが見た目一発で広範な人々の強い興味を引くからです。セグウェイは「モビリティーを変える」、グーグルグラスは「コミュニケーションを変える」、ランドロイドは「家事から人間を解放する」というように、実際の価値や実現可能性を軽視した思い込みが生まれます。

　「特定の要素」への注目が先行するあまり、それがもともと埋め込まれていた文脈から切り離されてしまう。飛び道具トラップと同じく、この「文脈剥離」に激動期トラップの核心があります。

　自動車という新しい製品の誕生は「モータリゼーション」という革命を期待させました。しかし、本格的な自動車社会の到来までには当初の予想と比べてはるかに時間がかかりました。自動車という特定の要素に注目が集まり、それを取り巻くインフラの重要性が看過されたことが激動期トラップを誘発しました。

　インターネットはちょうどこの逆です。インターネットはインフラで、自動車にとっての道路のようなものです。それ自体では価値を生み出しません。自動車が舗装道路というインフラの整備なくしては普及しなかったということは、既に見た通りです。これと逆に、インフラだけあっても、その上に載る製品やサービスがなくては意味がありません。

　インターネットというデータ通信のネットワークは、ハードウエアやOS（基本ソフト）やアプリケーションやサービスと統合された全体として機能しています。インターネットという新しいインフラが注目されるあまり、その上で動いているソフトやサービスが最終的にどのような価値をもたらすのかという文脈全体に対する見極めがおろそかになり、これが激動期トラップを引き起こします。

自動運転の文脈剥離

　車が自動的にレストランまで連れて行き、食事中は駐車場で待っていてくれる。食事が終わったらするすると車がやってきて、ワインを飲んだ後も車中でのんびり過ごしながら帰宅。町にはロボットタクシーが走り回り、幹線道路を走るトラックにもドライバーの姿はない。自動車事故による年間の死者もなくなる——。現在進行形の例でいえば、こうした自動運転への期待もまた激動期トラップの典型例といえるでしょう。

　自動運転という技術が現実的になるほど、制約もまた明らかになりつつあります。ゼネラル・モーターズ（GM）は2019年にはサンフランシスコで自動運転タクシーを開始する計画でした。ダイムラーは2021年までに1万台のロボタクシーを生産する計画をぶち上げました。しかし、

いずれの計画も白紙に戻されています。フォードのジム・ハケットCEO（最高経営責任者）は「われわれは自動運転車の到来を過大評価していた」と述べています。

自動運転に必要な多くの要素技術——ブラインド・スポット・モニタリング（BSM）、自動ブレーキシステム（ABS）、自動駐車など——は既に実装されています。しかし、これにしても「要素先行」で、安全な自動運転の実用化には相当に時間がかかりそうです。

確かに先行的に自動運転車両が走っている都市や地域はあります。しかし、これは自動車の黎明期に米ニューヨーク（の一部）など舗装道路のインフラがあらかじめ整備されていた地域に限定して自動車利用が進んだのと同じことです。

そもそも現時点の自動運転車両は価格が高過ぎます。実験車両に搭載されている大量のセンサーの総コストは、車本体よりもはるかに値段が高い。幹線道路を走行する自動運転トラックは、乗用車より早く実現するかもしれません。それでも車両価格が一般的な車両の数倍もするとしたら、依然としてドライバーを雇ったほうが効率的です。公共交通や産業用の車両に限定しても、自動運転の普及にはさらに10年以上かかるでしょう。

要素技術を取り巻く文脈全体を考えれば、「自動運転革命」は1世紀前の「自動車革命」と相似形にあります。「革命」という言葉がイメージさせるほど一足飛びには進まない静かな流れです。

「シェアバイク」の浮き沈み

最近の激動期トラップに、中国発のシェアバイクのブームがあります。2015年ごろから「シェアリングエコノミー」という経済概念が注目を集めました。「シェア」というマジックワードの効き目は強烈で、シェアバイク、シェアカー、シェアハウスはもちろん、個人の時間をシェアするサービスなど、次々に「シェアサービス」が登場しました。日経ビ

ジネスも特集記事で当時の熱気を伝えています。

図10-1 │ 「シェアリングエコノミー」と呼ばれる新たな経済活動が、世界中で猛威を振るっている。個人の遊休資産や時間を他人のために活用し利益を得るという従来にないビジネスモデル。市場規模は2025年までに3350億ドル（約41兆円）に膨らむという試算もあり、個人間取引の橋渡しをするプラットフォームが世界中の投資マネーを引き寄せている。（中略）既存産業を侵食する敵なのか、次の成長をつかむチャンスなのか。答えは自明だ。

「従来にないビジネスモデル」というのですが、「シェアリングエコノミー」は特段の新しい現象ではありません。この辺りは、第1章でご紹介した「サブスクリプション」を彷彿とさせます。**所有権を利用権に転換し、それを時間的に分割し小口化する。**これが「シェア」の本質です。

図10-1

出所：日経ビジネス 2015年12月21日「世界の常識 日本を急襲 シェアリングエコノミー」

レンタルビデオや時間貸しのコインパーキングは立派な「シェアビジネス」です。昭和時代に多数の著名漫画家を輩出した「トキワ荘」は、日本で最も成功した「シェアハウス」といえるかもしれません。

「シェアリングエコノミー」というマジックワードが同時代の空気に火をつけ、「20世紀は所有の時代、21世紀はシェアの時代だ」という議論が盛り上がりました。どんな資産でも概念的には「シェア」は可能です。その応用範囲の広さもあってシェアリングエコノミーは一大ブームを巻き起こしました。

ウーバーやエアビーアンドビーなどのプラットフォームビジネスと並んで注目を集めたのがシェアバイクです。2018年6月の日経トレンディは「今年ブレイク必至のシェアバイクを一足先に体験！」と題して、中国で急成長していたシェアバイクをリポートしています。

　　深圳の町では至る所で黄色とオレンジ色の自転車を見かける。黄色いのはシェアバイク「ofo（オフォ）」、オレンジ色はそのライバルの「mobike（モバイク）」だ。レンタル費用は、30分で0.5〜1元（約8〜16円）。地下鉄やバスの半額以下という安さで、市民の足として定着している。

（中略）

　　自転車に付いているQRコードをスマホアプリで読み込むだけで自動的にロックが解除される。「これだけで使えるの？」と拍子抜けするほど簡単だ。返却するときも、自転車のロックをかけるだけで、自動的に決済が行われる。クレジットカードも登録できるが、メインはやはりスマホ決済のウィーチャットペイやアリペイだ。

（中略）

　　ユーザーにとっても事業者にとってもシンプルな仕組みで、あっ

という間に社会インフラになった。

(出所：日経トレンディ 2018年7月号 特集「『1年後の日本』が丸わかり！ 未来都市 深圳 最新トレンド」)

　黄色やオレンジの自転車が鈴なりになっている様子は見た目にもインパクトがあります。「環境負荷（CO2）削減」という同時代の空気に、「シェア」「スマホ決済」「キャッシュレス」とマジックワードが次々に紐づき、激動期トラップ発動の条件は全てそろっていました。

　2016年にスタートしたモバイクは僅か1年で英国、シンガポール、イタリアの160都市に事業を拡張、2017年には5カ国目として日本にも参入しました。対抗するオフォもソフトバンクと組んで日本への進出を表明し、国内では先行する「ドコモ・バイクシェア」に続きメルカリの「メルチャリ」が追随しました。

　しかし、その後中国のシェアバイクのブームは急速に冷え込みました。深刻な経営難に陥ったオフォをはじめ、参入企業の多くが事業停止に追い込まれました。メルカリも、2018年2月の参入から1年4カ月で「メルチャリ」事業から撤退しています。

　図10-2 │ シェア自転車は中国の大都市にまたたく間に拡大。（中略）新規参入も相次ぎ、一時は中国全体で数十の事業者が覇を競った。2次元バーコードを使ったスマホ決済とともに中国の「新4大発明」に数えられるようになっている。

　ところが、2年余りが経過した現在、上海の街角に置かれているシェア自転車の数は目に見えて減っている。

（中略）

　何より、シェア自転車事業の経営が苦しくなっていることが大きい。乱立した事業者の多くは経営が立ち行かなくなり事業から撤退した。モバイクと並ぶ大手のofoは資金難が伝えられる。利用料は1時間1元（17円）と安く、利益の上がるビジネスモデルが確立し

図10-2

出所：日経ビジネス2018年10月1日号 FRONTLINE上海「問題噴出の中国新興企業だが」

ているとは言えなかった。

　シェアバイクへの過剰期待も文脈剥離の産物です。「エコで安価なラストワンマイルのモビリティー」と期待されたシェアバイクですが、「シンプルな仕組み」が事業としてまともに成立するかどうかはまた別の問題です。シェアバイクがずらっと街に並び、誰でも簡単に使える。人々が続々と利用し始めている———。表層的な現象を追いかけているだけでは、すぐに文脈剥離に陥ります。

「時価総額」が招く思考停止

　同時代性の罠の背後にはいつもそれをあおる人々がいます。メディア

の言説はその代表ですが、「飛び道具トラップ」の場合は、メディアに加えて経営ツールやソリューションを提供する「飛び道具サプライヤー」が同時代の空気を増幅しました。これに相当する「激動サプライヤー」の中心に位置するのが資本市場で活動する投資家です。

　「ユニコーン企業」──これもまた強力なマジックワードです。「シェアリングエコノミー」の到来が過剰に期待された背景には、ウーバーやエアビーアンドビーなど未公開企業（当時）の時価総額の大きさが強く作用していたと考えられます。すぐに経営難に陥ったオフォでさえ、2017年には20億ドル（約2200億円）という評価額がついていました。

　安く買って高く売る。投資家にとっては変化率がすべてです。変化に要する期間が短いほど、変化率は増大します。ようするに、投資家はその本性からして**「激動」を求める生き物**です。彼らの言説は結果的に激動期トラップをあおる方向に作用します。

　本来、株価や時価総額といった指標は企業の実力というよりも期待値を示すものです。とりわけ未公開企業の株価は、ごく一部の参加者のコンセンサスで成立した価格であり、「局所的な期待値」でしかありません。投資家の期待を集めるユニコーンがやっていることだから、その方向に世の中が変わるはずだという考えには明らかな論理の飛躍があります。「すごいからすごい」と言っているようなものです。

　投資家が時価総額に関心を抱くのは当然です。しかし、経営者をはじめとするビジネスパーソンの本領は、長期利益をもたらすような持続的な価値の創出にあります。中国のシェアバイクの起業家のように利益を度外視すれば、いくらでもトップラインは引き上げられます。華々しい「成長」で投資家を惹きつけ、時価総額を増大させることもできます。しかし、それは長続きしません。実業の仕事は利那的な打ち上げ花火を上げることではありません。実業に向き合うべき経営者が利那的な資本市場の評価に踊らされるのは本末転倒です。

　「激動期」には変化が起きている周辺で起業家が次々に出てきます。そうしたスタートアップの中には、ひたすら投資を続け、一向にもうかる気配がない会社が少なくありません。こうした行動がしばしば「赤字

を掘る」という言葉で正当化されるのですが、赤字の掘り方にも良いものと悪いものがあります。

　赤字を掘った先に果たして何があるのかを考えてみる必要があります。アマゾンは確かに「赤字を掘る」ことで現在の支配的な地位を獲得しました（現在も依然として投資を優先し、利益は相対的に低水準に抑えられています）。しかし、同社の猛烈な先行投資は膨大で複雑なオペレーションを回す能力を構築するためのものです。アマゾンのオペレーション能力は着実に蓄積され、他社がまねできない水準にあります。「赤字を掘る」が成功したのは、競争優位の根幹をリアルなオペレーションに据えていたからこそです。

　ところが、「赤字を掘る」という美名（？）のもとに、ひたすら広告宣伝やプロモーションに「投資」をしているだけのスタートアップが散見されます。そこにはアマゾンのような持続的な競争優位の見通しはありません。これでは単に赤字を垂れ流しているだけの「**激動期トラップにつけ込む商売**」です。激動期トラップに陥ると、この手のスタートアップを過大評価し、投資をしたあげくに大切なお金を失うことになるのでご注意ください。

「文脈思考」で激動期トラップを回避する

　激動期トラップのメカニズムの中核には文脈剥離があります。トラップ回避のためには「文脈思考」——文脈剥離しがちな「激動案件」を、それが埋め込まれている文脈に置き直して再考する——が有効です。

　発明（インベンション）とイノベーションは似て非なる概念です。イノベーションの本領は実社会へのインパクトにあります。フルスケールで市場化され、人々の生活が変わるところまで行かなければ「イノベーション」にはなり得ません。

　1927年にテレビを発明したのはフィロ・ファーンズワースでしたが、1939年にテレビ放送の仕組みを作り、消費者に向けた放送を始めたの

はデビッド・サーノフです。サーノフはテレビやカメラといったハードウエアの要素だけでなく、放送局、番組コンテンツ、広告を束ねた1つの産業の構築に成功しました。ファーンズワースは「**発明者**」で、サーノフが真の「**イノベーター**」だったということです。

すでに強調したように、特定の技術や製品それ自体がたちまちに世の中を大きく変えるということはありません。それが置かれている文脈を考えれば、どこかにボトルネックがあります。インベンションとイノベーションの間には一定のタイムラグがあります。見た目のインパクトが強く、それゆえ「革新的」「画期的」と喧伝されるものほど、それが置かれた文脈全体を冷静に見渡すことが大切です。

文脈思考を欠くと、投資家や起業家の「これで世の中が変わる」という言説に誘われて激動期トラップにはまりがちです。中国の「新4大発明」の1つとされたシェアバイクにしても、商売全体の文脈に位置づけて考えれば、それなりにコストがかかるわりには利益が薄いビジネスであることは明らかでした。早くも2018年後半には、利益なき急拡大のツケが一気に表面化したのは論理的必然です。

そもそも大量の車体を用意する必要があります。スマホアプリでの決済は自動でできても、乗り捨てた自転車を回収・整理するのには人手が必要です。人件費はばかになりません。しかも、参入障壁も低い。ライバルとの競争を勝ち抜くための広告費は膨らむ一方です。サービスそのものに差別化の余地がないため、利用料も上げられません。言われてみれば当たり前の話ですが、文脈思考を意識しないと、こうした一連の論理を見過ごしてしまいます。

激動期トラップにつきもののマジックワードは、人々の時間軸上での認識をゆがめます。マジックワードが発する同時代のノイズを除去し、ひずみを矯正するためには、激動案件を歴史という時間的な文脈に置き直して考えることが大切です。「インダストリー4.0」で本当のところ何が変わるのか。「商社3.0」は「商社2.0」と何が違うのか。――「テンゼロ論」で考察したように、大きな歴史の流れを俯瞰し、時間的な文脈の中にマジックワードを位置づければ、本質的な論理に目が向き、激

動期トラップに陥るのを回避できます。

　文脈思考をする上で最も簡便で有効な方法は、激動案件を自分自身に関連づけ、**「自分事」として考えてみる**ことです。リアルな自分事であれば、誰もが自然と文脈思考をするものです。

　引っ越しをしようとする人が、ネットで話題になっている新しい賃貸マンションの記事を目にしたとします。どれだけデザインが素敵で、間取りが斬新で、ホームネットワークやセキュリティーなど新しい技術満載でも、まずは自分の生活の文脈に置いて考えてみるはずです。家賃はもちろん、立地が自分の通勤や家族の生活にとって便利かどうか、間取りが自分の家族構成に適しているか、というように自分の文脈を考えた上でその物件を評価するでしょう。

　こうした生活文脈を無視して、物件それ自体のスペックや見た目のインパクトだけでいきなり引っ越しを決めてしまえば、間違いなく失敗します。ところが、激動期トラップにはまる人というのは、往々にしてこの種のことをしているわけです。

　7章で考察したように、技術が非連続なものであっても、それを使う側にいる人間の需要は常に連続しています。非連続な何かを目にすると、人間が本来的に持っている連続性を無視ないし軽視するというバイアスがかかります。これが往々にして激動期トラップを引き起こします。

　「第4次産業革命」といわれているものが、自分の仕事にとって何を意味するのか。製造業に従事する人であれば、それが自分の会社や仕事のどこをどのように変えるのか。「画期的」「革命的」といわれる新商品やサービスを、（相応のコストを払ってまで）自分は使いたいと思うのか。もし「必要ない」と感じるのであれば、それはなぜか。「必要だ」と思う人がいるとしたら、それはどういう人なのか――。マジックワードや激動物件を自分自身の仕事や生活の中で具体的に落とし込んで考えてみることが大切です。誰しもが「生活者」であり、同時に「仕事者」ですから、これは日常的にできる文脈思考のトレーニングとして大いに役立ちます。

　自分事として考えるだけでなく、実際に自分で実践してみれば、具体

的な文脈への落とし込みという意味でさらに効果的です。「AI分野でユニコーンが続出」というニュースを他人事として眺めるだけでなく、実際にAIを使ってみる。できれば自分でプログラミングをしてみるのが理想です。AIのプログラミング言語であればPython（パイソン）、ライブラリーであればTensorflow（テンサーフロー）といった次元で技術を理解できれば、マジックワードのいい加減さを実感できるでしょう。少なくとも「この製品にはAIが搭載されているからすごい」という思考停止は回避できます。

「大きな変化」は振り返ったときにはじめて分かる

　メディアはやたらに「革命」という言葉を使いたがります。確かに政治の世界では「フランス革命」や「ロシア革命」のように、短期間で覇権が変わる革命がありました。しかしビジネスの世界に限って言えば、**言葉の本当の意味での「革命」はほとんどあり得ない**というのがわれわれの見解です。

　一昔前の話になりますが、「ウェブ2.0」——情報の送り手と受け手が固定され、送り手から受け手への一方的な流れであった従来のウェブが、送り手と受け手が流動化し、誰でもがウェブを通して情報を発信できる世界に変化する——という言葉が人々の注目を集めたことがありました。この渦中にあった2006年、米グーグルの副社長（当時）のヴィントン・サーフ氏は、この変化に時間がかかることを冷静に見通していました。

　図10-3｜——大流行している「ウェブ2.0」という言葉を、どう捉えていますか。
　サーフ氏：新しい用語が登場すると、それぞれ違う定義を持つ人がたくさん出てくる。だからみんな「どんな意味があるのか」と興味を抱くというわけです。その言葉自体に大きな意味があるわけでは

なく、インターネットの技術と利用の急速な拡大によってビジネスや社会が大きく変化しているという現実を直視すればよいのです。

——ということは、"ウェブ3.0"を聞くのは愚問ですね（笑）。

サーフ氏：誰もが「新しい時代が来た」と言いたがりますが、ネットの世界ではそれは間違っています。ネットは環境や利用者のニーズ、人々がネットに乗せる情報に反応して、有機的に成長を続けてきたのです。これは継続的な進化であって、ある時点で突然「2.0」や「3.0」になるものではないのです。

（出所：日経ビジネス2006年9月25日号 編集長インタビュー ヴィントン・サーフ氏（米グーグル副社長）「変化は津波のように」※特集「踊るグーグル」内）

　グーグルは「ウェブ2.0」の先導的企業とみられていました。そのリーダーですら「革命」という意識を持っていないことが注目に値します。これにしても、サーフ氏がウェブビジネス**ど真ん中の当事者**であり、それゆえに「ウェブ2.0」の時間的・空間的な文脈がよく見えていたから

図10-3

出所：日経ビジネス 2006年9月25日号 編集長インタビュー ヴィントン・サーフ氏

だと思います。

　サーフ氏が14年前に予想したように、インターネットは「環境や利用者のニーズ、人々がネットに乗せる情報に反応して、有機的に成長を続け」現在に至ります。それは大きな変化でした。しかし、「革命」ではありません。インターネットの普及が始まって以来、ウェブの世界は四半世紀にわたって継続的に進化を重ねてきました。それを今から振り返って初めて「大きな変化」があったことが分かるということです。

　変化のスピードが最も速いと言われるIT業界でさえこうなのです。大きな変化ほどゆっくりとしか進まない。**大きな変化は振り返ったときにはじめてわかる**――。これが逆・タイムマシン経営論の結論です。裏を返せば、実際に短期間で起こる「激動」は、株価や為替レートのようにそもそも変動するようにできているものか、「商社3.0」論のようにたいした意味を持たない枝葉末節であることが多いものです。

　これからも激動期トラップが繰り返し発動するのは間違いありません。そこでお薦めしたいのは、近い将来に激動期トラップの事例になりそうな記事を今から意識的にストックしておくことです。新聞や雑誌で「これはのちのち読み返せばシビレることになりそうだ……」というネタを見かけたら、簡単なメモをつけてファイルしておく。つまり、**逆・タイムマシン経営論の先取りというか仕込み**です。楠木はこれがスキで、日常の基本動作としてずっと続けています。例えば、この2年ほど、テクノロジー系でいえばAIとブロックチェーンとDX関連の「激動記事」をきっちりとファイルしてあります。少なくとも5年、できれば10年ほど寝かせておいてから読むと芳醇なコクを味わえるでしょう。

遠近歪曲トラップ

第11章 「シリコンバレー礼賛」に見る遠近歪曲

　第3部で問題にする同時代性の罠は、われわれが「遠近歪曲トラップ」と呼ぶものです。遠近歪曲とは「**遠いものほど良く見え、近いものほど粗が目立つ**」という人々の認識のバイアスです。

　空間軸と時間軸、いずれでも遠近歪曲トラップは発動します。地理的に遠い海外の事象ほど良く見え、身近にある日本の事象ほど欠点が目につく、というのが空間軸での遠近歪曲です。これに対して、現時点で起きている事象ほど悪く見え、歴史的な過去の事象、もしくはまだ実現していない未来ほど良く見える、これが時間軸で発生する遠近歪曲トラップです。

　この章では、空間軸での遠近歪曲について考察します。「日本の経営者は内向きで大胆な変革ができない」「日本的経営は硬直的で時代遅れ」といったミクロレベルでの批判から、「少子高齢化の閉塞感の中で日本には展望がない」というマクロな言説、はたまた「このままでは日本は崩壊する」という憂国的な全否定まで、「日本（人、企業、社会、政府）はダメ」という主張が毎日のようにメディアから発信されています。

　こうした主張は他国との比較に基づいた相対論です。つまり、「米国（とか中国とか北欧）では……」で始まり、「ところが、日本では……」と問題や欠点を指摘し、「だから日本はダメなんだ」という議論の構造です。

　当然のことながら、日本には問題が山積しています。ビジネスや経営の分野でも、他の先進国や新興国に比べて「遅れている」「劣っている」ところが多々あります。ただし、です。比較対象の米国や中国や北欧に問題がないかと言うと、もちろんそんなことはありません。

　空間的に近い日本の企業や経営の粗が目立ち、遠くにある米国や中国の企業となると、良いことばかりが目立ち、悪いことは目に入らない。裏返せば、これだけ問題満載の日本の経済や社会や企業にしても、遠く米国の人々には、いまだに「日本の品質はすごい」「テクノロジーと伝

統の融合」「いざというときは円が強い」「人々は穏やかで治安が素晴らしい」「清潔で秩序だった社会」と見えているわけです。遠近歪曲トラップは日本に限らず、古今東西、普遍的に見られる人々の思考のバイアスです。

「シリコンバレーに学べ!」

タイムマシンに乗って近過去の日本での言説を振り返ってみましょう。この四半世紀で言えば、日本における「シリコンバレー礼賛」は遠近歪曲の典型として興味深いものがあります。

1990年代にインターネット産業が勃興し、米国のシリコンバレーで次々とベンチャー企業が誕生しました。2010年代には、巨大プラットフォーマーの「GAFA（グーグル、アップル、フェイスブック、アマゾン）」のうち、グーグル、フェイスブック、アップルの3社がシリコンバレー出身ということもあり、「シリコンバレーはすごい」が同時代の空気として定着しました。2010年代半ばからは、「シリコンバレーはこんなにすごい」→「それなのに日本は……」→「だから日本はダメなんだ」というロジック（?）が議論のテンプレートになった観があります。

比較的最近の記事を見てみましょう。日経ビジネスの2015年7月27日号の特集はシリコンバレーの動向に注目し、新しいビジネスが生まれるダイナミズムをリポートしています。

図11-1 │ 米サンフランシスコまで拡大したシリコンバレーが日本企業の進出ラッシュに沸いている。IT・ネット企業に限らず、製造業、飲食とあらゆる企業が、シリコンバレーを目指す。ここに、モノのインターネット化「IoT」ブームと、政府の後押しが追い風となり、もはやどんな産業もシリコンバレーと無関係ではいられなくなった。

図11-1

出所：日経ビジネス 2015年7月27日号「今すぐ発て、日本勢　沸騰シリコンバレー　みんなの攻略ガイド2015」

　記事中では「日本志向のオススメベンチャー」として、「Airbnb（空き部屋のシェアサイト）、」「Houzz（住まいのコミュニティーサイト）」「RichRelevance（お勧め商品を表示するサービス）」「ipsy（化粧品サンプルの定期便）」の4社が紹介されています。

　2015年以前のシリコンバレーでは、グーグルやフェイスブックのような水平的な汎用インフラで成功した企業が目立ちました。こうした企業の急成長が一段落した2015年以降になると、特定の領域に絞ったサービス（例えば配車サービスのUber）へと注目が移っています。シリコンバレーから次々と新しい情報サービスが生まれたことが「シリコンバレー＝イノベーションの聖地」というイメージを強化しました。

　日本でも「シリコンバレーに学べ！」ということになり、シリコンバレーに進出する企業が相次ぎます。2015年の日経ビジネスの特集記事のサブタイトルが「今すぐ発て、日本勢」だったことからも分かるように、日本企業のシリコンバレーへの「進出ラッシュ」がリポートされて

います。楽天の三木谷浩史社長がシリコンバレーの高級住宅地に家を構え、2015年から月に1回、1週間にわたってシリコンバレーを拠点に仕事をする──こうしたシリコンバレーへの接近が注目を集めました。

四半世紀前の「シリコンバレーブーム」

日本の「シリコンバレー礼賛」にもそれなりの歴史があります。この四半世紀、日本では繰り返し「シリコンバレーブーム」が起きています。

図11-2│マルチメディアとインターネット。新たな覇者狙う成長企業が続々。ニッチ（すき間）でもよい。混沌としているうちに"業界標準"を狙う。記録的高水準の企業設立・株式新規公開が続き、挑戦と競争が盛り上がる。

図11-2

出所：日経ビジネス 1996年1月15日号「シリコンバレーが熱い」

（中略）

　「シリコンバレーで現地技術者を雇って勝負しないと追いつけない」
日本企業の危機感は高まるが、取り残された感じは否めない。
　独特なゲームのルールを理解できるか。本社の意識改革がカギを握
る。

　1995年当時、インターネット関連企業が次々と誕生するシリコンバ
レーは、現在と同じように世界の注目の的でした。2015年と同様に、
当時の日本企業も相次いで最先端の技術が集まるシリコンバレーを目指
しました。日本から見たシリコンバレーはいつでも「熱い」のです。
　当時の日経ビジネス（1996年1月15日号）を読むと、NECの担当者
は「パソコンの新機能の次の焦点はどこか。ここにいないと敏感になれ
ない。日本国内の製品開発も含めて、全社がシリコンバレーを注視しな
がら仕事をするようになった」と語り、ソニーの担当者は「放送技術と
デジタル技術が融合する中でシリコンバレーはますます重要になる」と
述べています。
　同時代に「鮮烈なデビュー」を果たしたシリコンバレーの企業に注目
が集まる。これもまた昔から変わらない傾向です。1996年1月15日号
の日経ビジネスの記事は、前年に「鮮烈なデビュー」を果たしたシリコ
ンバレーの新規公開企業を一覧で紹介しています。（**図11-3**）
　当時のスター企業は何と言っても、リストにもあるネットスケープ・
コミュニケーションズでした。インターネットの可能性に気づいた創業
者のジム・クラーク氏は、1994年にネットスケープ（旧モザイク・コ
ミュニケーションズ）を設立します。わずか1年でインターネットを閲
覧するための有料ブラウザー「モザイク」を普及させ、1995年に株式
公開を果たします。ネットスケープは気鋭のベンチャー企業として全世
界で脚光を浴びました。
　日本でもネットスケープに対する注目度は抜群に高く、当時パソコン
のOS（基本ソフト）を独占していた米マイクロソフトを一気にひっく

図11-3

鮮烈なデビューをしたのはネットスケープだけじゃない			
●95年に新規公開したシリコンバレーの主な企業			
企業名	業種	公開月	株価上昇率
オーク・テクノロジー	半導体開発	2月	199%
レメディ	業務用ソフト	3月	160
プレミシス・コミュニケーションズ	音声通信装置	4月	526
マクシス	教育ソフト開発	5月	117
ネットスケープ・コミュニケーションズ	インターネットソフト	8月	406
ESSテクノロジーズ	電子計測装置	10月	99
ベリティ	文書管理ソフト	10月	281
クラリファイ	プログラミング	11月	102
アーバー・ソフトウエア	ソフトウエア開発	11月	150
サンディスク	データ記録部品	11月	68
スコーパス・テクノロジ	ソリューションサービス	11月	94
ネットワーク・アプライアンス	データ保存サービス	11月	150
シリコン・ストーレッジ・テクノロジー	半導体製造	11月	51
ビジョニア	ソフト開発	12月	52

注：株価上昇率は公募価格と95年12月21日の株価を比較したもの
出所：セキュリティー・データ・カンパニー

出所：日経ビジネス 1996 年1月15 日号

り返す可能性があると大きな期待が寄せられました。1995年11月20日号の日経ビジネスはジム・クラーク氏への編集長インタビュー記事を掲載し、「ビジネスとしてのインターネットの可能性に早くから着目。いまやインターネット検索ソフトで8割のシェアを握り、次世代産業の覇権をめぐり、米マイクロソフトの最大のライバルに。『オープンなインターネットを囲い込もうとしても無理』と勝算を語る」としています。（**図11-4**）

　現時点で1995年のシリコンバレーの注目企業のリストを眺めると、2000年代を通じて急成長を遂げたサンディスクとネットワークアプライアンス（現NetApp）は別にして、「そんな会社は聞いたことがない」というのが多くの人の感覚だと思います。かつてはあれほど注目を集めたネットスケープにしても、一定年齢以下の人はその名前さえも知らないでしょう。その後のネットスケープは「Internet Explorer」でブラウザーに参入したマイクロソフトに追い詰められた挙句、1998年に

図11-4

出所：日経ビジネス 1995年11月20日号 編集長インタビュー ジム・クラーク氏 [ネットスケープ・コミュニケーションズ会長]「インターネットは独占不可能「オープン」の強さを証明する」

米AOLに買収されています。

　リストにある他の企業も似たり寄ったりで、オークテクノロジーは2003年に買収されて消滅、レメディは2002年に破産しています。プレミシス、マクシス、クラリファイ、アーバーソフトウエア、スコーパス、シリコン・ストレッジ、ビジョニアといったリストにある企業は、調べてみても消息がよく分かりません。1995年当時の「シリコンバレーブーム」で注目を集めた企業の大半は、今では忘れられた存在です。

シリコンバレーの酷い企業

　その後、シリコンバレーからはグーグルやフェイスブックなどの世界を大きく変えたインターネット企業が生まれました。しかし、こうした圧倒的な成功を収めた企業はごく一部です。

　そもそもシリコンバレーは地域です。人間が集まって経済活動を行う空間の1つに過ぎません。当たり前の話ですが、シリコンバレーも実際は玉石混交です。他の地域と同じように、良い経営もあれば悪い経営もあります。好業績の企業もあれば、パッとしないままなくなってしまう企業もあります。シリコンバレーの文化の1つである「起業で一獲千金」を狙う人々の中には、悪い意味で傑出した経営者が出てくるのも自然な成り行きです。

　セラノス（Theranos）という企業の名前を聞いたことがない人はおそらくアメリカにはほとんどいないと思います。一方の日本では知らない人のほうが多いかもしれません。2018年に経営破綻したセラノスは、非公開企業ながら最盛期には株式の評価額が90億ドル（約1兆円）を超えた気鋭の「シリコンバレー発のテックベンチャー」でした。

　セラノスはわりと古い会社で、創業は2003年に遡ります。創業者はスタンフォード大学を中退した当時19歳の女性、エリザベス・ホームズ。彼女は血液検査という分野に着目しました。当時の血液検査のコストは非常に高く、検査できる範囲も限定的でした。特に医療費の高い米国では、低コストの血液検査への強いニーズがありました。（**図11-5**）

　そんな中で、セラノスは「新しい血液検査の技術を開発した」と発表しました。被験者の指先から採取したごく少量の血液を診断センターに輸送し、「エジソン」という自社開発の診断器を使って迅速に検査結果を出すという事業プランをホームズはぶち上げます。

　オラクルのラリー・エリソンをはじめ、多くの投資家がセラノスに資本を提供しました。2014年にセラノスは3億5000万ドルを調達し、株式の過半を所有するホームズは「自力でビリオネアになった最年少の女性」として話題を集めました。メディアも注目し、2014年6月19日号の米フォーチュン誌は、「ヘルスケアの革命を目指す」女性CEO（最高経営責任者）として、ホームズを表紙写真に取り上げました。彼女の「新技術で世界を救う」というメッセージは多くの人々を引きつけ、セラノス社の経営陣には豪華な面々が名を連ねました。元国務長官のヘンリー・キッシンジャー氏やジョージ・シュルツ氏も取締役に就任してい

図11-5

セラノスの創業者、エリザベス・ホームズ(写真：ロイター／アフロ)

ます。

　ところが、セラノスには重大な問題がありました。大々的に発表していた「技術」がまったくの虚偽だったのです。2015年の米ウォール・ストリート・ジャーナルの告発記事をきっかけにウソが露呈し、信用を失った同社は2018年に経営破綻、創業者のホームズは米証券取引委員会（SEC）から詐欺罪で訴えられる結果となりました。2017年8月10日号の米ワイアード誌の記事は、セラノスの顛末について「セラノスの失敗から本当に明らかになったことは、医療系テック企業の資金の集め方の構造的な欠陥だった」と総括しています。

　セラノスの栄光と転落はシリコンバレーを中心に米国内で大きく騒がれました。しかし、日本ではセラノスの一件はほとんど話題になりませんでした。

　シリコンバレーというと、グーグルやアップル、フェイスブックというテックの巨人が引き合いに出されます。もっと小さくても急成長のスタートアップもよく参照されます。ところが「シリコンバレーで経営が

悪い会社を知っているか」「業績がパッとしないシリコンバレーのポンコツ企業はどこか」、こうした問いに対してすぐに答えが出てくる人は稀です。つまりは遠近歪曲で、遠いところにあるシリコンバレーについては、良いところばかりが目に入るわけです。

「超多産多死高速新陳代謝」の生態系

　これまでも繰り返し強調してきたように、人々が同時代性の罠に陥る理由の本質は「文脈剥離」にあります。シリコンバレーにまつわる遠近歪曲トラップにしても、その原因はシリコンバレーという**特異な生態系全体の文脈**を理解せず、その時々で注目を集める技術やベンチャー企業や起業家にばかり目を向けることにあります。これが遠近歪曲を引き起こします。

　セラノスは極端に派手なケースでしたが、こうしたインチキ企業が次から次へと出てくるのは、もはやシリコンバレーの風物詩です。シリコンバレーにも（シリコンバレーならではの）問題のある企業や経営が散在しています。「シリコンバレーはすごい」→「日本はダメだ」→「シリコンバレーに行くべきだ」→「行けばとてもいいことがあるに違いない」という議論はあまりにも文脈を軽視しています。

　逆・タイムマシン経営論の「文脈思考」からすれば、グーグルやアップルのような華々しい成功企業よりも、一時的に光り輝き、その後すぐに消滅してしまったネットスケープの事例や、偽りの技術で脚光を浴びたセラノスの事例を検証するほうが、シリコンバレーの文脈理解にとってよほど役に立ちます。逆説的に聞こえるかもしれませんが、セラノスのような「邪悪なスタートアップ」が出てくるということが、シリコンバレーに固有の「強み」だからです。

　シリコンバレーという生態系の本質は、その地域の内部で異様にヒト・モノ・カネ・情報の流動性が高いということにあります。たちまちのうちに新しい技術に注目が集まる。可能性のあるベンチャーが生まれると、

技術者だけでなく経営やファイナンスのスペシャリストが一挙に起業家のもとに集結する。そこに多大なリスクマネーが注がれる。うまくいかなければ早々に見切りをつけ、ヒト・モノ・カネは次の「未来のユニコーン」へと移っていく。こうした文脈の下ではセラノスのような企業がたまに出てくるのは必然です。

シリコンバレーの過酷な経営資源の取り合い競争の中にあっては、スタートアップ企業はまずは注目を集めなければなりません。会社のミッションや技術、製品の「世の中を変えるインパクト」をありとあらゆる機会と手段を使って喧伝し、投資家、報道機関、そして顧客を取り込もうとします。シリコンバレーは真に優れた企業を輩出している一方で、「信用詐欺」のような活動にかまけるスタートアップも枚挙にいとまがありません。こうした起業家の行動様式が起業家、ベンチャーキャピタリスト、テック系メディアとかみ合って、虚像を増幅していきます。これもまたシリコンバレーの「イノベーティブな生態系」の1つの側面なのです。

2011年にフェイスブックが本社として購入したのは、もとはワークステーションで一世を風靡した米サン・マイクロシステムズが拠点を構えていた土地でした。こうした企業の新陳代謝の上に、シリコンバレーは成り立っています。

1つの企業がダメになっても、手に職を持った技術者が企業を渡り歩き、資本も機動的に移動することによって、次々と新しいベンチャーが生まれます。イノベーションの成功は確率と割り切れば、論理的な正解は試行の回数をひたすら増やすということになります。良くも悪くも「**超多産多死による高速の新陳代謝**」、ここにシリコンバレーにユニークな生態系の特質があります。

ロバート・ノイス：シリコンバレーの体現者

こうしたシリコンバレーに固有の文脈を理解するためには、歴史を遡ってその成り立ちを知る必要があります。インターネット産業の聖地と

して注目を集める以前から、シリコンバレーは技術者を寄せ付ける土地でした。黎明期のシリコンバレーの中心的な人物であり、シリコンバレーの文化に多大な影響を与えた半導体技術者、ロバート・ノイスの人生がこのことをよく示しています。アップルのスティーブ・ジョブズも彼を師と仰いでいました。

ノイスは1956年にシリコンバレーの「ショックレー半導体研究所」に職を得ます。この研究所では当時最先端であったトランジスタの開発を行っており、ノイスは技術者として参画します。創業者のウィリアム・ショックレーはトランジスタを発明した天才です。しかし、経営者としては無能でした。彼の経営スタイルに辟易したノイスは、友人の技術者ゴードン・ムーアとともに新会社「フェアチャイルド・セミコンダクター」を設立します。

ところが、1968年に親会社との意見対立が発端となり、ノイスは再び起業に踏み切ります。それが「インテル」でした。いくつもの企業を転々としつつも、技術者かつ経営者としてしたたかに生き抜き、ノイスの構想と努力は最終的に世界的な企業として結実しました。

ロバート・ノイスはシリコンバレーという生態系を体現する人物として注目に値します。私見では、20世紀の産業史を通じて最も興味深い人物の一人です。

ノイスとともにインテルを築き上げたゴードン・ムーアの名は「チップの性能は2年ごとに2倍になる」という「ムーアの法則」に刻まれています。ノイス氏の後継CEOとしてインテルの成長をリードしたアンディ・グローブもまた伝説的な経営者です。

これに対して、ノイスはほぼ忘れ去られた存在と言ってもいいでしょう。本国アメリカでもそのようです。2000年にジャック・キルビー氏が集積回路の発明に対してノーベル賞を受賞し、「ボブ・ノイスが一緒にいないことが残念だ」（そのときにはすでにノイスは故人）と嘆いたとき、メディアはそもそもノイスとは誰で、何をした人物なのか説明しなければなりませんでした。

『インテル　世界で最も重要な会社の産業史』（マイケル・S・マロー

ン著、文藝春秋）は、ロバート・ノイスというこの天才の実像とシリコンバレーに与えた影響の大きさを今に伝える名著です。

ノイスは超人的な多芸多才でした。右に出るものがいないほど優秀な科学者であるだけでなく、卓越した独自のビジョンの持ち主で、その研究が世の中に将来何をもたらすのかを見通す力がありました。スポーツマンとしても天賦の才に恵まれ、中年になってもボディービルダーのような体形で水泳をする姿は周囲を驚かせました。学生時代には米国を代表する合唱団のオーディションを受けて合格しています。模型飛行機作りを愛好し、天文学に入れ込み反射望遠鏡を自作し、絵画をものにし、演劇にまで手を広げ、複数のミュージカルに出演しました。当然のように主役でした。

ノイスは極めて複雑な人物でした。社内の序列や政治的な権力闘争にはまったく無関心で、東海岸的な階層組織を嫌い、フラットなシリコンバレー文化の基盤をつくりました。しかし、その一方で自分が組織の頂点にいることを常に意識していました。小さな会社に戻って研究に没頭したいと言いながら、世界最大規模の企業を成長させることに邁進しました。

品格があり、感じがよく、人間的魅力がありながら、周囲と交わろうとしない。近づいてくる美女と片端からデートをするけれども、誰とも長続きしない。有名人になることは好まないが、注目を浴びる機会は決して逃さない。自分は何事においても勝者になるはずだと考え、勝利のために全身全霊を傾けるが、できる限り何の努力もしていないように見せようとする――ノイスは矛盾に満ちた人物でした。

生まれながらのリーダーだったノイスには、圧倒的な存在感がありました。しかも、スティーブ・ジョブズと違って、ノイスのオーラには温かい人間味があったといいます。人々に夢を語り、自信を持たせ、冒険に誘う。誰もが会った瞬間から好きになってしまう特別な資質を備えていました。困難な目標に向かって全員が勇気を振り絞り、リスクをいとわず、ともに前進すれば素晴らしいことを成し遂げられる。周囲の人々にそう感じさせる力、それがノイスのカリスマ性でした。

　1980年代に入るとノイスはインテルの経営を離れ、「シリコンバレーの主」として、半導体製造技術の研究開発を行う非営利組織「セマテック」の運営や、通商政策のスポークスマン的な役割に活動の場を移しました。シリコンバレーで様々なイベントや資金集めのパーティーを開き、活発に活動していましたが、1990年のある日曜日の朝、心臓発作で亡くなりました。享年62。早すぎる死でした。

原点は「軍需」

　ノイスに代表される天才的な技術者にして企業家が自由自在に活躍する土壌はどのようにして生まれたのでしょうか。原点は軍需にあります。シリコンバレーのカリフォルニア州は、かつては東西冷戦の最前線でした。第2次世界大戦の頃からシリコンバレーには軍需企業が集積し、最先端の技術者がこの土地に集まってきました。黎明期のシリコンバレーを支えたのは、東西冷戦下での軍需産業という特殊な事情でした。

　軍という大口顧客が黎明期のシリコンバレーの企業を一手に支えていました。フェアチャイルドにしても、ミサイル用の半導体（トランジスタ）を主力製品としていました。シリコンバレーで最も早い時期に創業した企業として知られるHP（ヒューレット・パッカード）も、創業期の主な顧客は軍でした。当時のHPの主力製品は測定機器で、主な用途は軍需用のレーダーでした。第2次世界大戦中にHPは測定機器を量産し、米軍に供給していました。

　1980年代に冷戦が終結するまでのシリコンバレーの主役は、軍需と、それを支える技術者でした。冷戦終結によって軍需が縮小するのと入れ違いのタイミングでインターネットが登場し、シリコンバレーの技術者は一気にインターネットへと流れました。以降、2020年代の現在に至るまで、シリコンバレーは一貫してITの中心地であり続けています。インターネットにしても軍事技術の転用から発展しています。

　こうしたシリコンバレーの歴史的な文脈を踏まえれば、「シリコンバ

レーはすごい」「こんなすごいベンチャー企業がある」という「シリコ
ンバレー礼賛」は、空間軸のみならず、時間軸の上でも遠近歪曲トラッ
プにはまった短絡的な話だと言わざるを得ません。

　個別の技術や企業や起業家がシリコンバレーのすごさの本質なのでは
ありません。軍需の土壌の上に、ロバート・ノイスに象徴される起業と
リスクテイクの文化が徐々に蓄積され、それが長い時間をかけて制度化
された生態系にこそすごさの本質があります。

　このようなシリコンバレーの文脈は、良くも悪くも文字通り「ワン・
アンド・オンリー」のものです。それを別の時間と空間に再現すること
はほとんど不可能と言ってもいいでしょう。この四半世紀にわたって日
本で「シリコンバレーに学べ！」と言い続けていることそれ自体が、シ
リコンバレーの**再現性のなさを逆説的に証明**しています。

　もちろんシリコンバレーに学ぶことは多々あります。ただし、それを
自国や自社の文脈にうまく移植できなければ成果は生まれません。そも
そもシリコンバレーの超多産多死の生態系は万能ではありません。イン
ターネットのような変化の激しい、しかもオペレーションの蓄積をそれ
ほど必要としない情報技術には完璧にフィットしても、それとは異なる
性格を持つビジネスにとっては、かえって仇になる面もあります。

　これは日本の企業に限った話ではありません。アメリカの中でもシリ
コンバレーは特殊な地域です。当然のことながら、シリコンバレー以外
にも優れたアメリカ企業はたくさん存在します。例えば、アマゾン。ひ
たすらリアルなオペレーションに投資をし、オペレーションをぶん回す
ド商売の会社です。もしアマゾンがシリコンバレーに生まれていたら、
現在のような成功はなかったかもしれません。

　表面的にシリコンバレーに影響されて文脈不適合を起こすぐらいなら、
シリコンバレーとは違った土俵で勝負したほうが戦略的にはよほど賢明
です。「餅は餅屋」が戦略の定石です。

第12章 半世紀にわたって「崩壊」を続ける「日本的経営」

　地理的な遠近歪曲トラップの考察を続けます。前章では、日本から見たシリコンバレーを題材に「遠いものほど良く見える」というバイアスを検証しました。今回は同じことを裏から見てみましょう。すなわち、「近いものほど粗が目立つ」というという遠近歪曲です。

　題材として取り上げるのは、1970年代から1980年代前半にかけての日本と日本的経営についての評価です。当時の日経ビジネスを丹念に読み解くと、欧米と日本での議論には相当のギャップが見て取れます。「Japan as No.1」という同時代の空気があった欧米では「日本はすごい」「日本企業は脅威だ」「日本的経営には独自の強みがある」と、日本の競争力についての（今振り返れば）過大な評価がありました。

　ところが、一方の日本ではどうだったでしょうか。「日本的経営は通用しない」「外資企業は脅威だ」という、今と大同小異の議論をしていたのです。欧米にとっては、遠くにある日本が良く見え、日本では身近にある日本の企業や経営の問題点がクローズアップされていました。日本と海外の両方で遠近歪曲トラップが作動していたわけです。

「Consider Japan」から「Japan as No. 1」へ

　欧米が「日本経済」に関して遠近歪曲を発生させた発端は1960年代です。この時期になると、経済成長率が他の敗戦国であるイタリアやドイツと比べて高いことが注目され、「日本経済には独特の強さがある」という認識が欧米でのコンセンサスとなりつつありました。

　1962年に英国の経済誌エコノミストが「日本を考える（Consider Japan）」（1962年9月1・8日号）という日本の経済成長についての特集記事を組み、欧米にはない独特な社会文化を世界に伝えました。記事

は日本経済の「黄金の15年間」に高い評価を与えています。

　　日本は、アジア・アフリカ諸国の未来の可能性を他に先駆けて実現した国である。非常に貧乏な国がその極度の窮乏を振り払うために、ともかくも第一歩を踏み出すにはどうしたらいいか――これにこそすべての経済問題の中で、数多くの資料がありながら、少しも満足すべき解決が得られない分野である。
　　しかし、日本の偉大な経済発展は、この問題に関する実際的なケース・スタディを提供している。というのは、17年前、飢餓に瀕し、荒廃しきっていた日本（終戦1ヶ月後に、その工業生産は戦前の8%であり、1946年2月でさえも16%にすぎなかった）は大きく飛躍して、今日では、ほとんどすべての近代的工業品の分野で世界の6大生産国の一つとなるような大工業国の地位を確立したからである。

（中略）

　　日本が大いに発展したこの黄金の15年間は、巧みな運営ばかりでなく多分に幸運に恵まれていたともいえるのである。驚くべきことには、つい最近まで予言者たちはすべて、日本はかならずや世界で最も不幸な国の一つになるといっていた。（a）甚だしい人口の過剰、（b）どうにもならぬ耕地の不足、（c）天然資源の極端な貧しさ、これらは日本の伝統的な不利とされ、この弱点の故に、島国日本は永遠の貧困を宿命的に負わされるだろうと、深刻な表情の経済専門家たちも（またけわしい顔つきの帝国主義的軍人たちも同じように）予言していた。

（出所：英エコノミスト 1962年9月1・8日号「Consider Japan」　翻訳：中央公論「驚くべき日本」）

　このようなマクロ視点での日本経済への注目は次第にミクロへと下りていきます。「日本経済」を動かしている「日本企業」「日本的経営」が論点となりました。その代表例が1979年に米国で出版されたエズラ・

図12-1　日本企業の在外保有高（1978年12月31日時点）

企業名	在外保有残高（単位:100万ドル）
三井物産	1041
三菱商事	585
丸紅	577
伊藤忠商事	481
松下電器産業（現パナソニック）	280
住友商事	246
東レ	225
日本アサハン	192
川崎製鉄（現JFEスチール）	188
日商岩井（現双日）	179

出所:米ビジネスウィーク誌（1980年6月16日号）に掲載されたThe Oriental Economistのデータ（1978年12月31日時点）を基に編集部で作成
注:日本アサハン:日本企業11社とインドネシア政府による合弁会社

ヴォーゲル『Japan as No.1』です。この本は大きな話題を呼び、トヨタ、ホンダ、ソニーといった戦後の高度成長をけん引した企業が注目されました。終身雇用や年功序列などの日本独特の人事システムはもより、社訓の唱和、朝礼、ラジオ体操といった日本企業で行われていた組織のルーティンや慣行が、欧米では「日本的経営」の文脈で関心を集めました。

　当時の米国の経済誌をひもといてみると、特集記事の表紙に日本関連のイラストが頻繁に掲載されていたことが分かります。1980年6月16日号のビジネスウィークは、世界が日の丸で塗りつぶされているイラストを表紙に掲載し、世界における日本のプレゼンスを強調しています。その号の記事は日本の大企業の海外投資の積極攻勢を伝えています。

　1980年代には「日本企業の強さの源泉はどこにあるのか?」という謎解きが欧米である種のブームとなり、エコノミスト誌などのメディアをはじめ、ビジネススクールでも盛んに日本企業の研究が行われました。

　図12-2 | 教室での日本人学生の"健闘"とともに、授業で使う企業のケーススタディの材料として、日本の商社、メーカーの"日本的

図12-2

出所：日経ビジネス 1977年7月18日号「カメラ・ルポ ビジネス前線を行く ハーバードBSで急増する"日本的経営"の事例研究」

経営"が取り上げられる機会が、このところ非常に増えている。

　バブル崩壊によって1990年代の日本経済は長期低迷に陥りますが、日本の企業や経営施策は海外からの注目を集め続けました。その代表例がトヨタ自動車とソニーです。トヨタの「カイゼン」はオペレーションの世界で国際語となりました。ソニーのユニークな商品開発力とそれを強力なブランドの下でグローバルに展開するマーケティング力は欧米の企業経営者にとってひとつのモデルでした。スティーブ・ジョブズですら当時は「将来はアップルをソニーのような会社にしたい」という発言を残しています。

　1990年代は業界の盟主間で明暗が分かれた時代です。自動車分野では生産向上に成功したトヨタの好調と日産の苦境が鮮明となりました。電機分野ではグローバル展開を推し進めるソニーに対し、国内の販売網再編に追われる松下電器の苦戦が目立ちました。1998年10月1日付の

ニューヨークタイムズは、ソニーとトヨタの2社を紹介する記事の中で「日本で最も強力な2社」と高く評価しています。

　こうした同時代の空気の中で、1990年代には欧米の経営者の間で「カイゼン」や「ジャストインタイム」といったトヨタ発の施策が流行しました。例えば、1994年当時、米国のパソコン市場でトップシェア（13.1%）の地位にあったコンパックは、トヨタのもの造りの現場を視察して研究を重ね、「ジャストインタイム」をパソコンの生産現場に取り入れます。トヨタ生産方式を参考にして急成長した企業として日本でも注目を集めました。

そのとき日本国内では……

　日本が「Japan as No.1」と海外から注目された時代に、当の日本では「日本企業」や「日本的経営」をどのように捉えていたのでしょうか。例によって悲観論が大勢を占めていました。1973年にオイルショックが起こると日本国内では将来を憂慮する見方が大勢となり、早くも1970年代後半には「日本的経営限界論」が噴出しています。

> **図12-3**　ロンドンのエコノミスト誌が「歴史上また社会上のいろいろな理由から、日本人は生まれつき一種の集団主義を持っているように見える。…（中略）…驚いたことに、この雰囲気は成功している産業になればなるほど、そこで働いている労働者（重役も同様）の仕事に対する態度まで包んでいる。それは、伝統ある会社万歳！新三菱重工万歳！といったふん囲気である」（"驚くべき日本"、河村厚訳）として、わが国企業の集団主義を紹介してからことしで15年目になる。
>
> （中略）

図12-3

出所：日経ビジネス 1976年9月25日号 創刊7周年記念特集「日本的経営を総点検する」

　しかし、今回の不況で、多くの企業が希望退職の募集にまで追い
込まれたという事実は、伝統的な終身雇用が揺らぎ始めていること
を意味している。一度乗ったら定年までは安泰だった「企業丸」も
激しい風波をしのぐためには、何人かを途中で下船させなければや
っていけなくなったわけである。
　さらに、「企業こそは全宇宙」的な閉鎖性、ひとりよがりも、公害、
消費者運動などを通じて、修正を迫られていることも確かである。
いわば「日本的経営」の中で醸成された企業倫理が、全く異質の論
理による挑戦を受けているとも解釈できる。

　日本的経営の根本を成り立たせてきた終身雇用などのシステムが崩壊
しつつある——これが同時代の日本人の認識でした。終身雇用をはじめ
とする日本的経営は変容を余儀なくされるというコンセンサスが早くも
形成されています。

　興味深いことに、タイムマシンに乗って近過去を訪れると、この半世紀の間、「日本的経営」は常に「崩壊」ということになっています。既に半世紀近く崩壊し続け、2020年現在でも「日本的経営」は着実に（？）崩壊を続けています。裏を返せば、**50年かかっても崩壊しきっていない**とも言えるわけで、どれだけ「日本的経営」は盤石なのかとすら思います。この辺の人間の思考と認識のクセはつくづく面白いところです。

　1975年当時の日本の人々にとって「近いところで目立つ粗」は、オイルショックの余波を受けて、日本の名門企業の中にも希望退職者の募集に踏み切る会社が出始めたことでした。その代表例が、造船業界です。造船業は1960年代に輸出を軸に急速に発展し、繊維産業、鉄鋼産業と並んで日本の高度成長を支える主軸産業でした。業界トップだった石川島播磨重工業（現IHI）でも、1970年代には約4600人の人員削減を余儀なくされました。造船業界全般に及んだリストラは「退職者残酷物語」（日経ビジネス 1979年5月7日号 ルポ「石川島播磨の希望退職に肩たたきはなかった。が…『会社のため』という共感を巧みに喚起」）といわれました。

　石川島播磨のみならず、三菱重工業、川崎重工業、日立造船、三井造船（現三井E&Sホールディングス）、住友重機械工業、日本鋼管（2002年川崎製鉄と統合、現JFEホールディングス）といった名門会社も相次いで退職奨励を行い、大手だけで希望退職者数は1万5000人に上りました。かつてエコノミスト誌に「世界一」といわれた造船業は、わずか十数年で苦境に立たされることになったのです。

　繊維業界でも業界のスター企業だった東レの低迷が大きな注目を集めました。日本のトップ産業だった造船業が行き詰まり、繊維産業も同様に頭打ちになったことで、「日本的経営は揺らぐ」という同時代の空気が生まれました。

　図12-4 ｜ 東レは、利益率の低い繊維業界の中では数少ない高収益会社で、わが国を代表する優良企業に数えられていた。国内の経営基盤はほぼ固め終わり、東南アジアを中心に積極的な海外投資を進め、

図12-4

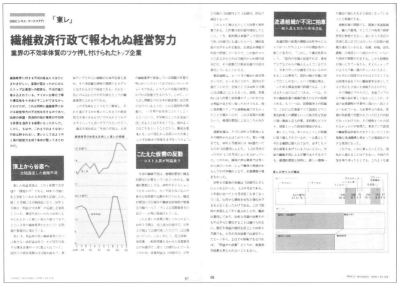

出所：日経ビジネス 1975年1月6日号 ケーススタディ「東レ 繊維救済行政で報われぬ経営努力」

その多国籍化戦略の展開でもモデルと目されるほどの経営である。それを一気にのみ込むだけの不気味なところが繊維業界にはあるのである。

1970年代後半に早くも「ソニー神話崩壊」

　冷静に振り返れば、当時の「日本的経営」に対する悲観論には過度な単純化がありました。繊維や造船では確かに苦戦を強いられましたが、それは「日本」の問題というよりも、これら特定の業界の競争構造がもたらした問題です。当たり前の話ですが、「造船不況」や「繊維不況」とは無関係な自動車業界や家電業界は、その後堅調な成長を果たします。

　しかし、同時代の人々からすれば、日本の象徴は当時最も国際競争力があった繊維や造船業界の大手でした。自動車や家電といった「先端産

図12-5

出所:日経ビジネス 1978年9月25日号 ケーススタディ「ソニー 技術停滞を招いた"同族的経営"」

業」が日本における次の時代の主役を担うというのは当時はまだリアリ
ティーがありませんでした。

　同時代の主力産業が曲がり角を迎えると、日本の企業のすべてがダメ
なように見えるものです。既に家電のトップ企業の一角を占めていたソ
ニーについても悲観的な見方が一般的でした。ソニーは1950年代後半
にトランジスタラジオ、1960年代後半にカラーテレビという大型製品
の開発に成功し、戦後日本の寵児（ちょうじ）として大きな注目を集め
ました。ところが1970年代後半になると「テレビの次」の大型商品が
見当たらず、業績が一時的に低迷したこともあり、早くも「ソニー神話
の崩壊」がささやかれるようになりました。

　図12-5 │ ソニー神話の崩壊がいわれて久しいが、ここへきて技術停
　　　滞と活力喪失ぶりが一段と顕著になってきた。

（中略）

　ただ大幅減益で効率低下が目に余るといっても、ソニーは依然優良企業であることに間違いない。問題はむしろ、今回の事態を、価格戦略や技術開発の失敗の結果と謙虚に受け止められるかどうかにある。もしそれを円高のせいにして片付けるならば、神話の崩壊どころか二流会社に転落する危険さえもはらんでいる。戦後企業の寵児としてもてはやされたこともあって、ソニーは人気に気を使いすぎている。

　自動車産業に至っては「構造不況業種」とさえいわれました。1973年のオイルショックによって世界各地で小型車の需要が急増し、日本企業は小型車を武器に対米輸出の強化を進めました。日本の自動車メーカーにとっては絶好の機会でした。ところが、ゼネラル・モーターズ（GM）やフォードといった米国の巨大自動車メーカーが小型車の量産体制を整えれば、日本企業はむしろ競争劣位にさらされるのではないかというのが同時代の空気でした。

　図12-6｜米国、欧州メーカーが生存をかけた戦略を展開する中で、日本の自動車業界の対応はいかにも遅々としている。というより、「つい数年前まで、輸出振興でシリをたたかれ、合理化、大量生産に夢中だった日本のメーカーに、欧米の企業と同じレベルの国際戦略が求められても」（本田技研工業の河島喜好社長）というあたりが実情であろう。
　トヨタ、日産にしても、海外生産拠点はほとんどゼロ。コスト削減、合理化にもとづいた一国生産主義がいま、大きな曲がり角にさしかかっている。こうした中で、日本のメーカーは80年ごろまでに年産1000万台以上（今年は約920万台）の設備を持とうとしている。欧米メーカーの逆攻勢で、輸出が頭打ちになれば、"構造不況業種"へ転落する危険さえはらんでいるのだ。

図12-6

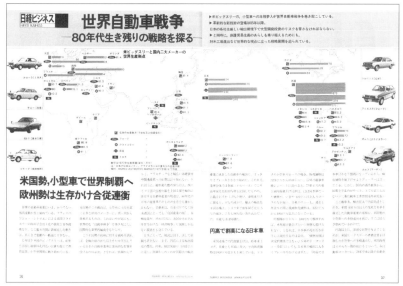

出所:日経ビジネス 1978年10月23日号 特集「世界自動車戦争 80年代生き残りの戦略を探る」

　身近な存在で相対的に情報量が多い日本の自動車メーカーほど問題点が目に付き、遠くにある欧米の競合企業ほど強く見える。遠近歪曲トラップの典型です。「逆もまた真なり」で、当時の米デトロイトでは日本メーカーの小型車攻勢が重大な脅威に映っていました。

　図12-7 │ P・カードウェル氏（フォード副会長）：日本車の米国市場への流入は業界にとって大きな問題だ。欧州でも状況は同じ。世界各国とも、国内の自動車生産が停滞する中で、日本だけが生産を伸ばしている。しかも、輸出を急増させている。問題は、日本車の輸出急増が、各国メーカーのシェアを食い、雇用機会を減少させていることだ。

図12-7

出所：日経ビジネス 1978年5月8日号 世界のトップ・経営訪問　P・カードウェル氏（フォード副会長）「日本車輸入急増はもはや限界に」

いつの時代も外資は「黒船」

　日本の企業の経営は非合理で時代遅れだ。日本企業がとらわれている旧弊とは無縁な「合理的」で「先進的」で「攻撃的」な外国の企業とは比較にならない。異質のロジックで動いている外資系との戦いを強いられる時代が来た。「黒船」の到来だ。いよいよ日本は「開国」を迫られている──。

　近過去の言説をたどっていくと、こうした議論が何度となく繰り返されていることが分かります。**「外資系＝黒船」**論はメディアの定番ネタです。最近の「デジタルトランスフォーメーション（DX）」や「プラットフォームビジネス」といった文脈でも基本構図は変わりません。欧米企業（最近は中国企業も）の最新の動向は常に「脅威」で、外資系企業はいつも「黒船」です。

　アメリカ合衆国海軍東インド艦隊を率いてペリーが浦賀にやってきて
以来、約170年もの時が経過しています。にもかかわらず、依然として
「黒船」というメタファーが多用されるのは、われわれ日本人の認識に「外
国＝脅威」というバイアスが強くかかっていることを物語っています。

　当時の日経ビジネスの記事が危惧したように、1960年代から1970年
代にかけての日本における懸念は「外資の日本上陸」でした。1960年
に日本政府は「資本自由化」という大方針を打ち出し、それから徐々に
規制緩和が進められました。資本自由化が進めば、外国企業が日本に進
出し、日本で自由に経済活動を行えるようになります。当時の日本人に
とって欧米の一流企業の日本進出は脅威以外の何物でもありませんでし
た。自動車産業であればGM、建設機械産業であればキャタピラー、日
用品産業であればプロクター・アンド・ギャンブル（P&G）という桁
違いの巨大外資企業が日本に入ってくれば、トヨタ、コマツ、花王とい
った国内トップ企業も一蹴されてしまうと考えられたのです。

　外資脅威論を象徴するのが、1970年代のP&Gの日本上陸に対する
同時代の人々の反応です。世界展開を進めるP&Gにとって、日本は未
開拓の市場で、国際化戦略の焦点の1つでした。日本政府による資本自
由化の発表から3年後の1963年にP&Gの幹部が来日し、将来の日本進
出を見据えた視察を行います。1970年にP&Gはついに日本進出を正
式に発表し、進出の条件である合弁企業の設立に動き出しました（読売
新聞　1970年5月13日付「『P&G』・日本への進出決定」）。花王、ライ
オン、ミツワ石鹸といった国内の日用品大手は戦々恐々となりました。

　当初、P&Gは合弁相手として日本油脂、ミヨシ油脂など大手4社を
候補として交渉を開始しましたが、最終的な合弁相手として選んだのは
「日本サンホーム」でした。日本サンホームは、P&Gの日本上陸の対
抗策として、日本企業（第一工業製薬、旭電化、ミツワ石鹸）が合弁で
設立した会社でした。それがP&Gにのみ込まれる形となってしまった
のです。P&G対策のためにつくった企業が、逆にP&Gに合弁相手と
して利用されてしまうという、皮肉な成り行きでした。

　日本サンホームの設立メンバーで最後までP&Gとの合弁に抵抗した

のがミツワ石鹸でした。同社は石鹸メーカーとしての老舗企業でしたが、ミツワ石鹸1社でP&Gに対抗しようとしたのです。1974年にミツワ石鹸はP&Gへの切り札として新鋭の富士工場を稼働しましたが、設備投資が重くのしかかり、オイルショックの余波もあって資金が行き詰まりました。P&Gは1975年にミツワ石鹸の富士工場を買収し、ミツワ石鹸は新鋭工場さえも競合に売り渡す結果となってしまいました。

　ミツワ石鹸は江戸時代後期の1860年に創業した老舗名門企業として知られていました。ところが、P&Gという外資系企業への対抗のためにつくった合弁会社が、逆に外資の日本進出の足がかりとなり、新鋭工場までも外資の手に渡る──。本末転倒の繰り返しでした。「ミューズ」などの一部のブランドは残りましたが、ミツワ石鹸はあっけなく倒産という最後を迎えています。P&Gが日本の老舗企業を打ちのめす様子から、「外資系企業＝黒船＝脅威」というイメージがますます強くなりました。

　図12-8 ｜ 一世紀以上も続いた“のれん商法”の行き詰まり、会社整理という珍しい形での再建、そしてその過程で登場した巨大外資……。興人を筆頭とする今回の一連の倒産劇の中でも、ミツワ石鹸のケースほど意外性に富んだものはないだろう。なぜ倒産したのか、会社整理を選んだ理由は、そして巨大外資の登場は何を意味するのか──こんな問題意識で同社の倒産・再建劇の舞台裏を追跡した。

（中略）

　昭和初期の黄金時代には、数ある企業の中でも名門中の名門とうたわれたミツワ石鹸。金融資本を抱えて事業の積極的展開を図っていれば、小型財閥ぐらいにはなりえたとの指摘もあるほどだ。名門の片鱗が三輪一族の系図からも読み取れる。その倒産のすべての原因を、ここ15年ほどの経営上の誤りに求めるのは酷としても、少なくとも「信じられないことの連続」とだけ述懐する4代目の三輪善雄氏の経営者としての資質には問題があったといえるのではないか。

図12-8

出所：日経ビジネス 1975年9月15日号 ルポ「老舗ミツワの外資身売り顛末記 永年の経営不在、資産食いつぶす」

「隣の芝生は青く見える」

　高度成長期から1980年代前半の「Japan as No.1」が話題になった時代を通じて、欧米では「日本企業はすごい」「日本的経営は強い」という議論が盛り上がり、その裏で日本では、「日本的経営は揺らぐ」「外資系企業は脅威だ」と言っている──。「隣の芝生は青く見える」です。自分の近くにあるものほど情報量が多いため、粗が目立ちます。より遠くにあるものはそれほど細部まで見えないので、粗が隠れて実態よりも良く見えるというわけです。

　これが日本と海外の双方で遠近歪曲トラップを作動させたわけですが、これに加えて、行動経済学のプロスペクト理論が明らかにしたような人間の認知バイアスが作用していると考えられます。人間は自分に近く、自分に関わることについてはポジティブな側面よりもネガティブな面により強く反応するものです。近いものの粗が「見える」だけではなく、

粗ばかりを「見ようとする」。この傾向が遠近歪曲トラップを増幅していると考えられます。

　1970年代に繊維会社や造船会社の調子が悪くなってくると、それが日本の経済成長をけん引してきた「基幹産業」であっただけに、そうした業界のネガティブな面にばかり同時代の関心が集中します。自動車や家電のように、ちょっと考えてみれば相当に異なる競争構造を持つ業界が他にもたくさんありました。その中にはトヨタやホンダ、ソニーといった後の「Japan as No.1」の主役になるような日本企業もあったのですが、そうしたポジティブな面には目が向かず、あたかも日本の企業がおしなべて競争力を失っていくのではないかという同時代の空気が生まれます。

　資本自由化後の外資系企業の日本進出という脅威にしても、ミツワ石鹸は確かに破綻に追い込まれたのですが、それはあくまでもミツワ石鹸という一企業の経営がおかしかったからです。そもそもP&Gに対抗できるだけの競争力がないところに、間違った意思決定を繰り返せば、行き詰まってしまうのは当たり前です。

　ところが、「長い歴史と伝統を持つ老舗も破綻に追い込まれた」という一企業の失敗が過剰に一般化され、「外資系＝黒船」という認識が生まれます。実際のところはどうだったかというと、P&Gという「黒船襲来」の後も、花王は十分に対抗し日本市場での競争力を高めましたし、ユニ・チャームのような当時の新興企業も成長を続けました。競争力はあくまでも個別企業の問題です。

　図12-9│同社はここ3～4年、売上高を毎年20％前後も伸ばす急成長を続けてきた。その原動力となったのが56年に発売した紙オムツ。「発売初年度でいきなり60億円近くを売り、その後も倍々に伸びて」（高原利雄専務）現在は300億円以上の売り上げにまで育った。

　（中略）

図12-9

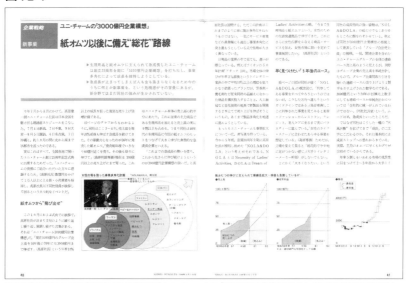

出所：日経ビジネス 1986年9月1日号 企業戦略「ユニ・チャームの『3000億円企業構想』紙オムツ以後に備え"総花"路線」

　つまり同社は40年代の生理用品に今回の紙オムツのヒットをつなげて大きく伸びた典型的な急成長企業といえる。

　1980年代に欧米で注目を集めた「日本的経営」にしても同じ図式が見え隠れします。1970年代を通じて相対的に国際的な競争力を喪失していた米国では、「日本的経営」が注目される以前から、米国企業の経営のやり方に対する懐疑が生まれていました。「米国の国際競争力が低下している。米国の経営のやり方には問題があるはずだ」という同時代の空気が醸成されていました。「米国的経営」とは異質な特徴を多く含んでいるということだけで、「日本的経営」が過大評価されたというのが本当のところだと思います。

　「Xに問題がある」と「Xとは異なるYがある」という2つの条件が成立していたとしても、それは「XよりYが優れている」「Yを採ればうまくいく」ということを必ずしも意味しません。米国ではXが従来の「米

213

国的な経営」、Yが「日本的経営」でした。当時注目された「日本的経営」にしても、実際には合理的なところと非合理的なところが混在しています。さらに言えば、その日本での「合理性」が米国企業の文脈でも同様の効果を持つかどうかは全くの別問題です。

　バブル崩壊後、日本の産業や企業が抱えていた様々な問題が露呈するようになると、日本では上記のXに相当するのが「日本的経営」、Yが「米国的経営」となりました。例によって例のごとく「外資系は進んでいる」「米国企業に学べ」ということになり、それが従来のやり方と違うというだけで、やみくもに米国式の経営スタイルを導入しようとします。その結果、かえって競争力を失うことになってしまった例は少なくありません。

　Yが実際よりも過剰に良いものに見えてしまい、それが結果的に間違った経営判断や意思決定をもたらしてしまう。遠近歪曲は、あっさり言えば人間の本能にして本性です。それだけに、時空間を広くとって考え、どこに本当の問題があるのか、まずは問題の本質をつかむことが大切です。問題を正しく特定することなしには、有効な問題解決もありません。近過去に発生した遠近歪曲トラップを振り返ると、この当たり前のことの大切さを改めて思い知ります。

第13章 | 人口は増えても減っても「諸悪の根源」

　前章では1970年代から80年代にかけての「欧米から見た日本企業」と「日本国内から見た日本企業」のイメージの乖離を例に、地理的な空間軸上で遠近歪曲トラップを検証しました。同様のトラップは時間軸上でもしばしば起こります。つまり、「**昔のことほど良く見え、現在進行中のことは深刻に見える**」というバイアスです。

　「人口問題」は時間的な遠近歪曲トラップの典型です。明治維新期の1868年に3400万人程度だった日本の人口は、終戦時の1945年にはおよそ7200万人と倍以上になりました。その後さらに増加を続け、2004年には約1億2700万人になりましたが、この年をピークに日本の人口は減少に転じます。現在までおおむね年率0.2%程度で人口減少が続いています。

「人口減少が諸悪の根源」

　2002年2月25日号の日経ビジネスは「新・成長の限界　人口減少──縮む時代に備えよ」という特集記事を掲載し、日本の人口減少に警鐘を鳴らしています。

　　第2次世界大戦後、驚異の経済成長を実現し、世界第2位の経済大国に躍進した日本。多くのニッポン人は、衣食住の憂いなく日々を過ごすことを当たり前と感じるようになった。
　　だが、日本がたどった奇跡の「右肩上がり」経済は、人口の爆発的増加があればこそのものだった。人口減少が間近に迫る日本は、成長メカニズム自体が逆回転する恐れがある。いや、既に起き始めているのかもしれない。

ローマクラブが30年前に警鐘を鳴らした「成長の限界」が別の形で到来する。そこには単に「少子高齢化」という言葉ではくくれない、日本経済が直面する真の構造問題がある。

　人口減少社会の経済の様相はどうなるか。混乱を回避するために、我々は何をすべきか。大勢の子供たちのはしゃぐ声があなたの周りから聞こえなくなってきた今、真剣に考える時期に来ている。

（出所：日経ビジネス2002年2月25日号 特集「新・成長の限界　人口減少─縮む時代に備えよ」）

　この記事から18年経った現在、少子高齢化に伴う人口減少は現実に日本の最大の課題となっています。「少子化に歯止めをかけ、国として活力を取り戻さなければならない」という問題意識が広く共有され、ありとあらゆる社会的、経済的な問題が人口減と関連づけられて論じられるようになりました。今ではすっかり「**人口減少＝諸悪の根源**」の観があります。

　このような議論の前提は次の2つです。第1に、かつて人口が増え続けていた時代は、日本は人口増のメリットを享受できていた（しかし、現在ではそのメリットが失われた）。第2に、人口減が抑制されれば問題は解決、ないし緩和される（だから、少子化に歯止めをかけなければならない）。

　要するに、人口が増え続けていた昔は良かった、それに比べて人口減少に直面している今は大変だ、という話です。ビジネスの文脈でも、「少子高齢化による国内市場の縮小によって……」という文言は、上場企業が提出する有価証券報告書に頻出する定型句になりました。高度成長期の日本企業は、人口増加による内需拡大の追い風を享受できた。ところが、今となっては人口減少で日本国内の市場が縮小し、経営に逆風が吹きつけている。何とかして人口減少に歯止めをかけなければならない──。こうした考え方が同時代の空気として定着しています。

　2015年10月19日号の日経ビジネスはその典型で、「40年前に見えた少子化楽観が招いた日本の危機」と総括しています。

図13-1 　人口減は今や日本経済のアキレス腱^{けん}となりつつある。少子化と人口減は70年代から予想されながら、強い対策をとってこなかった。国民の根拠なき楽観と、政治の不作為、官僚の甘い見通しがそこにあった。

（中略）

　戦後70年で最大の難題となりつつある人口減問題は、人災と言えるかもしれない。政と官、そして国民自身がそれを放置してきた結果だからだ。なぜ抜本的な対策が打たれなかったのか。

　ただし、です。タイムマシンに乗って過去に遡ると、面白いことに気づきます。それほど遠くない昔、日本では「何とかして人口増加に歯止めをかけなければならない。このままでは未来は暗い」という、今とは

図13-1

出所：日経ビジネス 2015年10月19日号 スペシャルリポート「戦後70年の日本経済（7）見過ごされた人口減　40年前に見えた少子化 楽観が招いた日本の危機」

正反対の議論をしていました。かつては「**人口増が諸悪の根源**」が強力なコンセンサスを形成していました。長期視点で歴史を振り返れば、「人口増が諸悪の根源」という期間の方がはるかに長いのです。

　かつては社会の敵だった人口増加が今では最上の友となり、かつては実現すべきゴールだった人口抑制が、今では全力で克服しなければならない課題となる。この皮肉な成り行きを明治・大正期に遡ってひもといていきましょう。

「移民」というソリューション

　「移民」というと人口減で労働力不足の日本に外国人を受け入れるというインバウンドをイメージします。ところが、人口増が諸悪の根源だったかつての日本では、移民といえば日本から海外に移住する人々を意味していました。

　日本において人口問題が真剣に議論され始めたのが、明治時代から大正時代にかけてです。当時の日本は工業化がさほど進展しておらず、まだ日本人の大半は農業を主業とする第1次産業に従事していました。

　このことが人口増問題をより深刻なものにしました。長男は農家を継ぐことができます。しかし、農地の新規開拓には物理的な限度があります。次男以下は家を出て自分で稼ぐ必要に迫られました。人口増加による食糧難が日本各地の農家の最大の問題となりました。

　明治時代半ばに入ると、蒸気船で海を渡って、アメリカ大陸に新天地を求める人々が出現しました。1908年に蒸気船「笠戸丸」がブラジルへの第1回移民を乗せて出航し、ブラジル移民が本格化します。日本で海外への移民が最も多かった地域は広島県です。戦前から戦後にかけて、ブラジルだけでも約1万4000人が広島から移民したといわれています。

　なぜ、広島という特定の地域から大量の移民が発生したのでしょうか。背景には、広島における主要産業であった綿花栽培の国際競争力の低下があります。江戸時代を通じて広島は綿花の主要産地として栄えており、

大阪や江戸への出荷で多くの農家が副業収入を得ていました。

　ところが、明治維新を経て海外貿易が一般化すると、インドからの安い綿花が日本国内に大量に流入します。この結果、広島産綿花は価格で太刀打ちできなくなり、農家の貴重な収入源が失われました。開国による綿花の競争力の低下という変化を受けて、群馬県などの一部の地域では主力産業を養蚕、すなわち生糸の生産にシフトします。ただし、養蚕にはカイコの餌となる桑が必要でした。広島では桑の栽培に地理的な難があり、主力産業を綿花から生糸にシフトさせることが容易ではありませんでした。

　広島の多くの農家は、綿花という副業収入を失い途方にくれます。そこへ、先駆的にハワイに移住し成功した人々が出現します。「移民すれば収入が7〜8倍になる」というモデルができ上がり、明治時代を通じて広島では海外移住をする人々の数が増えました。ハワイ、カリフォルニア、ブラジルなどのアメリカ大陸へ、大勢の広島県人が移住しています。

　移民の最盛期は1920年代です。1918年に終結した第1次世界大戦後の不況が日本経済を襲い、困窮する農家が続出したからです。ブラジル、ハワイ、満州などへの移住は「生きるためのグローバル化」でした。移民を決意した人々は神戸港から船に乗り、長い行程を経てそれぞれの最終目的地を目指しました。高まる移民需要に応じて、1928年に神戸に「国立移民収容所」が設置されます。出航を目前に控えた人々が集う施設でした。

　海外移民は戦後も続きました。終戦から11年を経た1956年、福山市沼隈町では町ぐるみで集団移住を決断しています。沼隈町は農業を主力としていましたが、耕地面積が不足したため、町の人々はパラグアイへ集団移住を決めています。1956〜58年にかけて、沼隈町からは24家族、83人が住み慣れた土地を離れてパラグアイに移住しました。

　それもこれも、問題の根源は明治維新以降の人口増加にあります。人口増加を何とかしなければならないというのが当時の社会的なコンセンサスでした。

図13-2

1912年に撮影された、神奈川丸（東洋移民合資会社）に乗ってブラジルに移民する人々（写真：イマジンネット画廊所蔵／共同通信イメージズ）

出所：神戸大学経済経営研究所 新聞記事文庫・中外商業新報 1928年1月31日

図13-2 ｜ 世が明治大正から昭和に移り、人口の増加著しきを加おるに至って、今や食糧問題という大難関に逢着した。（中略）北海道、台湾、朝鮮の開発を計るは勿論であるが、さらにわが特殊利益を有する満洲の地こそ、将来実に最も意義のある食糧供給資源として、はたまた自然人口増加一ケ年百万人に達する邦人の吐け口として、極めて重要な関係を持つもので、実に満蒙の沃野を極度に利用することは、わが国人口食糧問題解決の鍵と言うも敢て過言ではなかろう。

「産児制限」というソリューション

　大正時代に入ると、人口増加に関する問題を「海外移民」という事後

対処ではなく、「産児制限」で未然に防ぐべきだという発想の転換が生まれます。

　人口増に苦しむ日本では多産が重大問題でした。子供が次々に生まれてしまうから、女性はいつまでたっても育児に追われることになる。育児以外の家事労働に使える時間も少なくなる。女性の負担が過大になり、一生家庭に縛りつけられるため社会進出も進まない——。少子化に悩む現在とは180度逆向きの議論が大勢だったのです。

　産児制限という啓蒙活動の先頭に立ったのは女性解放運動のグループでした。その中心となった女性論客が加藤シヅエ（1897～2001年）です。当時の「大正デモクラシー」というリベラルな政治潮流の最先端を行く「ハイカラ」な女性で、裕福な家庭に生まれ育ちました。第1次世界大戦終結後に渡米し、現地で産児制限という先進的な試みを啓蒙するマーガレット・サンガーに出会います。サンガーの影響を受けた加藤シヅエは、女性解放運動に身を投じる決意をして帰国します。

　今日では「仕事をしながら子育てしやすい環境と社会制度の整備」が女性の社会進出を促進するというコンセンサスが形成されています。しかし、当時は**産児制限こそが女性の「働き方改革」の一丁目一番地**でした。女性の社会参画を進め、生産性を上げるためにはとにかく出生児数を減らさなければならない——。これが最も「リベラル」で「先進的」な考え方だったのです。

　産児制限は賛否両論を呼びつつも、1920年代を通じて徐々に日本に浸透していきます。「職業婦人」という新しいライフスタイルが生まれ、女性の社会進出が進みました。当時の新聞記事は「育児のために一生を犠牲にすることを欲せず」という女性が増えるのを歓迎しています。産児制限が進めば、「人口を吸収する産業を興すべき資本の欠乏」という「先決問題」も同時に解消され、経済的にも社会的な問題を一挙に解決する切り札になると考えられました。

　　　我が国の人口の過剰は先決問題として人口を吸収する産業を興すべき資本の欠乏にある。本問題の解決なくして人口問題の解決はむ

つかしい。

　（中略）

　殊に近年婦人の自覚が髙まり、育児のために一生を犠牲にすることを欲せず、自らの人間としての生活を享けんが為めに産児を制限せんと欲するもの、又は職業婦人として実際社会で働くがために一定期間産児を制限せんとするもの、或は現在の経済生活のみだされんことを虞れて産児を制限せんとするものなどが、ますます殖えて来るのは当然であろう。

（出所：神戸大学経済経営研究所 新聞記事文庫・大阪朝日新聞 1927年10月14日）

　このように、20世紀前半の日本には、「**人口さえ抑制されればさまざまな問題が同時多重的に解決される**」という同時代の空気がありました。これを短期間で一変させたのが戦争に向けての「総動員体制」です。戦時下の日本では一時的に人口増加が是とされました。
　人口が増えれば兵員を増強できるという単純な理屈ですが、それまで「人口抑制が是」というのが社会の潮流であったため、戦時の政治指導者が「人口増加が是」という正反対の方向に舵を切るのに苦労しています。同時代の人口増加抑止の風潮について、当時の東條英機首相は「敵の謀略」とまで発言しています。

　人口問題は余ほどしっかりやる必要があると思う、しかし人口が増えると食糧問題がどうとかそんなことは枝葉の問題でどうにでも解決し得ることと思う、一時産児制限などの空気もあったがとんでもない話で、あれは敵の謀略にのった話しだ、将来はこういうことは一切考えてはならぬ

（出所：神戸大学経済経営研究所 新聞記事文庫・大阪毎日新聞 1943年2月6日）

高度成長期になっても「人口増が諸悪の根源」

1945年の敗戦後、日本は"Occupied Japan"となり、政策方針の決定は一時的に連合軍のGHQに委ねられます。GHQが見た日本の問題もまた人口の過剰でした。GHQは日本人の人口増加を抑止するために、避妊具の活用を奨励し、正しい性知識の普及を図ります。戦後のコンドームの普及で、多産をようやくある程度まで抑制できるようになりました。

1950年代になっても「人口増で日本は行き詰まる」という危機感は続きます。ポイントは、現時点から振り返れば「人口増加が高度成長をもたらした」という意見はもっともに聞こえますが、**当時はまったく逆の議論がなされていた**ということです。前章で引用した英エコノミスト誌の特集記事「Consider Japan」もこのように論じています。

> 日本が大いに発展したこの黄金の15年間は、巧みな運営ばかりでなく多分に幸運に恵まれていたともいえるのである。驚くべきことには、つい最近まで預言者たちはすべて、日本はかならずや世界で最も不幸な国の一つになるといっていた。(a) 甚だしい人口の過剰、(b) どうにもならぬ耕地の不足、(c) 天然資源の極端な貧しさ、これらは日本の伝統的な不利とされ、この弱点の故に、島国日本は永遠の貧困を宿命的に負わされるだろうと、深刻な表情の経済専門家たちも（またけわしい顔つきの帝国主義的軍人たちも同じように）予言していた。
>
> （出所：英エコノミスト誌 1962年9月1・8日号「Consider Japan」 翻訳：中央公論「驚くべき日本」）

1960年代に日本は高度経済成長期に突入します。ここにきてようやく「人口増加が食糧難をもたらす」という悲観論は後退します。ブラジルなどへの海外移民の数も徐々に減少に転じ、移民を送り出す施設であった「神戸移住センター（旧国立移民収容所）」も1971年に閉鎖されました（それでも1971年まで続いていたことは注目に値します）。高度経

済成長で日本人は「生きるためのグローバル化」からようやく解放され
ました。

　1960年代を通じて日本は経済的に豊かになりましたが、依然として「人
口増が諸悪の根源」という時代は続きます。その典型が「住宅難」です。
住宅難は1960年代以降の人口増加問題の最大の論点とされました。

　特に東京都などの都市部においては、人口増による住宅不足が深刻な
問題となりました。1960年代を通じて東京・練馬などの都心近郊の開
発が進みます。以前は練馬大根などを出荷するための畑だった土地が住
宅地に転じ、増加する都心部の人口の受け入れ先となりました。畑を売
却した練馬区の農家にはいきなり莫大な富を得た人々が続出しました。

　都心近郊では、東急電鉄が田園都市の開発を進めたのを始め、果樹園
地帯だった多摩丘陵が多摩ニュータウンになるなど、全国各地に「ニュ
ータウン」が相次いで出現し、増加する人口を郊外で受け入れようとし
ました。

　1970年代半ばになっても、人口増は依然として日本の「未解決問題」
でした。1974年10月28日号の日経ビジネスは、増加する人口を都市部
では収容しきれず、水資源などの確保の問題から、地方を開発すること
が必須であると議論しています。

　図13-3 ｜ 「将来を展望してみよう。日本の総人口は昭和60年ごろ1
億2400万人とあと1400万人ふえ、21世紀はじめにはさらに1億
4000万人に達する。首都圏を北関東3県のほか山梨県まで含め広
くとると、いま3360万人。国土庁の試算だと、水の制約その他で
首都圏人口は60年4100万人が収容能力の限界。とすると残り660
万人の人口増は地方都市で受け持つことになる」

　以上で見てきたように、明治時代から1980年ごろまでの100年間、
日本では一貫して人口増加が問題視されてきました。食糧難を解決する
ための移民、人口抑制のための産児制限、住宅難を解決するための郊外・
地方への移住というように、その都度「切迫した事態に対する喫緊の対

図13-3

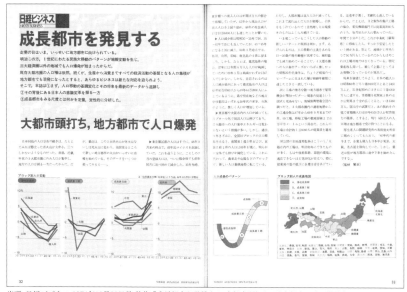

出所：日経ビジネス 1974年10月28日号 特集「成長都市を発見する 大都市頭打ち，地方都市で人口爆発」

応策」が叫ばれてきました。

　ところが、1990年代にようやく人口減少の兆しが出てくると、人々は手のひらを返したように「人口減少は諸悪の根源！」「少子化対策は喫緊の課題！」と言い始めるのです。

　それまで「人口さえ減れば問題は解決する」と言い続けてきたのですから、人口減少が実現した今、国民をあげて人口減少を寿いでもよさそうなものですが、現実はまるで逆です。人口が減ったら減ったで「人口減少が問題だ。人口さえ増えれば……」と言っている。現在進行形の状況については問題ばかりが目立ち、過去については悪いことが視界から消え、あたかも問題がなかったかのように思い込んでしまう。人口は増えても問題、減っても問題——これこそ遠近歪曲の最たるものです。

人口の増減は「メガトレンド」

世の中の変化は「トレンド」と「サイクル」に大別できます。変化の方向性が長期的に固定しているのがトレンド、方向自体が時間とともに変わっていくのがサイクルです。この両者では変化の質が大きく異なります。それゆえ、変化にどう構えるべきかもまた違ってきます。

ニクソンショックで為替が変動相場制に入ると、その後しばらくは円高基調が続きました。戦後復興を乗り切った日本経済の相対的な地位は上がり続けました。必然的にドルに対して円は高くなっていきます。これは長期にわたって方向性が変わらないトレンドでした。ところが、日本が成熟国の仲間入りをしてからは、円ドルの為替レートには当時のようなはっきりとした方向性はありません。そのときどきの情勢を反映して上がったり下がったりするサイクルに変質しています。

ファッションのはやり廃りはサイクルの典型です。しばらく前はタイトフィットの服が好まれていましたが、現在の女性服はこの20年ぐらいでは最もルーズなシルエットになっています。しかしこれは一時的な流行です。そのうちまたタイトの方向に戻るでしょう。スカートの丈が長くなったり短くなったり、女性の眉のメークが太くなったり細くなったり、こういうのはすべてサイクルです。

ところが、同じファッションでも「カジュアル化」はこの数十年、一方向的なトレンドとして定着しています。『サザエさん』の磯野波平氏は、昭和中期の当時、会社に行くときはかならず帽子をかぶっていました。最近では、出社時に波平さんのような帽子をかぶる人はほとんどいません。男性がネクタイなしで仕事に出るのも珍しくありません。おそらく50年先もカジュアル化は変わらないトレンドとして続いていくでしょう。そのころにはホワイトカラーの職種でも夏場は短パンにTシャツで仕事をしているかもしれません。

昭和までの人口増加は明らかにトレンドでした。数百年間続いたのですから「メガトレンド」と言ってよいでしょう。これからの人口減少が長期にわたるメガトレンドであることもまた確かです。つまり現在の日

本は、人口増加というメガトレンドが人口減少というメガトレンドにシフトする端境期にあるということです。メガトレンドは定義からしてめったに変わりませんが、その「めったにないこと」が起きているわけです。

　人口は社会にとって最も基底的な変数の1つです。社会のありとあらゆる側面に影響を及ぼします。今日のメガトレンドのシフトを伴うような人口問題の解決は究極の構造問題と言ってもよいでしょう。安倍政権がその出発点で「構造改革」をテーマに掲げたのは当然の成り行きです。

　ただし、です。振り返れば、その前の民主党政権も「政権交代による構造改革！」の掛け声で始まっています。その前の首相も、その前の首相も、さらにその前も、第一声は「構造改革！」（しばしばこの前に「抜本的な」という形容詞がつく）なのです。

　何も日本に限った話ではありません。「構造改革は当面必要ない」などとのんきなことを言っている政治指導者はこの世に一人もいません。古今東西、全員が全員構造改革を旗印にして何十年もやってきました。にもかかわらず、いまだに構造改革が完遂したという話は聞きません。

　これはどういうことでしょうか。第1に、「構造」というものの性格があります。「構造」というからには、それは一定程度安定的に存続する仕組みです。特定の「構造」が定着した背後にはそれなりの理由があります。悪いやつが劣悪な「構造」を意図的に選んで世の中にインストールしたわけではありません。

　歴史を振り返ると、人口増に苦しんでいた頃の日本は、それなりに様々な解決策を打ち出し、問題を克服しようとしていたことが分かります。例えば、住宅難に伴う郊外の「ニュータウン」の開発や、田中角栄政権時代の「日本列島改造論」です。そうした「努力」が積み重なって、高度成長期の構造を生み出しました。

　ところが、世の中は変化しています。一方で、いろいろな物事が絡み合ってできている構造は相当に固定的です。すぐには変わりません。定義からして**構造は常に世の中の実態と乖離していく宿命**にあります。かつての「切迫した問題に対する必要不可欠な対策」が、少子高齢化の時

代となると地方の過疎化という問題に変容しているわけです。

　しかも、繰り返し見てきたように、大きな社会の変化は漸進的にしか起きません。開戦や敗戦や大震災のようなメガトン級の出来事や、2020年の新型コロナウイルスのような一時的な騒動となれば、誰しもが即時の対応を余儀なくされます。意思決定が強制され、具体的なアクションがとられます。しかし、そうしたド級の事件は例外です（例外でなければ困ります）。世の中の変化のほとんどは、徐々に進む「**静かな変化**」なのです。

　人口減少も例外ではありません。あるメガトレンドから逆向きのメガトレンドへ移行するという意味では大きな変化なのですが、新型コロナウイルスのように「緊急事態宣言」を出して対処するというようなものではありません。将来の日本の人口構成が歴史的にも経験したことがないほど高齢者への偏りを見せることは99.99％間違いありません。税と社会保障の一体改革が急務となる。そんなことは誰でも分かっています。しかし、それがいつも「来るべき将来」に向けた漸進的な変化なので、なかなかアクションが進まない。誰がどうやっても時間がかかる仕事です。

　少子化に歯止めをかけることは大切です。しかし、これはどううまくやってもせいぜい「マイナスを少なくする」ことにしかなりません。対症療法的に少子化対策を列挙していると何となく仕事をしている気になるものですが、「少子化に歯止めを！」というのは実効性のあるビジョンとは言えません。

　遠近歪曲トラップが作動すると、視野狭窄を起こします。目先の問題解決に明け暮れて、骨太の戦略構想が出てこなくなってしまいます。実効性のある戦略を立てるためには、歴史的な文脈に位置づけて現実を直視し、冷静に機会と脅威を識別することが大切です。

　確かに人口減少は様々な問題を引き起こします。多くの人が漠然と持っている危機感は「国力が衰退する」でしょう。しかし、本当にそうでしょうか。「人口さえ増えれば……」と言いますが、人口が増えていく時代に問題がなかったわけではありません。むしろありとあらゆる問題

の原因になっていたのはここで見た通りです。事実として、過去の日本においては「人口増が諸悪の根源」「人口増を抑制しなくてはいけない」と真剣に論じていたのですから、考え方によっては人口減少にもポジティブな面がいくつもあるはずです。

「このままいくと日本人は絶滅する」という変なことを言う人もいますが、そんなことはあり得ません。少子高齢化は間違いなく進行しますが、幸か不幸か、人はいずれ亡くなります。日本は世界に先駆けて「高齢者の絶対数の増大が止まる国」でもあるのです。少子化に一定の歯止めがかかれば、あるところで人口減が止まり、定常状態を迎えます。

多くの人が人口減少について直感的に大変だと言っているのですが、大変なのは人口が減った末の日本ではなく、「定常状態になるまでのプロセス」の方です。社会保障費が増大する。生産人口が減り、社会保障費を担う納税者への負担はますます大きくなる。それは確かに大変なのですが、そんなことは前から分かっていたことです。

脅威を逆手に取るビジョンを描く

歴代の政権が言い続けてきたように、構造改革を断行しなければなりません。ところが、なにぶん相手は「構造」です。やたらと多くの物事が絡み合っています。税と社会保障の一体改革といったレベルの話になると、日本の隅から隅まで、何から何までが絡みまくり、しがらみが噴出し、ありとあらゆるステークホルダーを巻き込みます。誰にとってもハッピーな「構造」というのは、定義からしてあり得ません。何をやっても、喜ぶ人がいれば、それと同じぐらいかもっと多くの人が嘆き、悲しみ、怒りを表明します。

だからこそ、リーダーにはビジョンを描く力が求められるのです。メガトレンドがシフトするプロセスでは様々な苦しいことが起きます。それが苦しいものであっても、**戦争よりはマシ**です。人口減の先にある日本に希望が持てれば、人々はついてきます。裏を返せば、ポジティブな

ビジョンが国民に広く共有されていなければ、構造改革は前に進みません。聞こえの良い対症療法は問題を先送りするだけです。

　メガトレンドに逆らおうとしても勝ち目はありません。人口減少を逆手に取って、その先にある豊かな未来のビジョンを描いた方が得策です。人口減少で国が衰退するといいますが、ドイツは人口8300万人、スウェーデンは1000万人、スイスに至っては850万人です。人口が減っても繁栄は可能です。1人当たりの国内総生産（GDP）が国の豊かさを示しているとすれば、分母が小さくなること自体は悪いことではありません。

　まったく事前の知識がない人に、「こういう小さな面積の日本という島国がありまして、国土の7割は山で住めない上に、ガスや石油の天然資源もほとんど出ないのですが、人口はどれぐらいが適正だと思いますか？」と聞いたら、「うーん、ま、多めに見積もって1000万人ぐらいかな……」と答えるのではないでしょうか。1億2000万人という人口規模は、成熟した日本で人々が創造的で穏やかな暮らしをしていくにはそもそも多すぎるとも考えられます。

　仮に日本が人口7000万人規模で定常状態を迎えたとします。これは敗戦時の日本の人口です。人口が増えていた高度成長期は、交通渋滞、受験戦争、住宅難といった不満や不安が世の中に充満していました。ついこの前まで「こんな小さな国にそんなに人が増えてどうするんだ、大変だ、問題だ」とみんなが言っていたのです。少子高齢化は新機軸を打ち出す絶好のチャンスです。人口減少を前提に、将来の**7000万人の日本のポジティブなビジョン**を描く。そこにリーダーの役割があるはずです。

　企業経営でも話は同じです。世の中の人々は夏になると「暑い暑い」と言い、冬になると「寒い寒い」と言うものです。少し前のことを忘れて今の問題にばかり目が向く遠近歪曲は人間の本性です。それは仕方がないことですが、経営者までも一緒になって「人口が減って右肩下がりで閉塞感が……人口増の時代は良かった」と安直なノスタルジーに浸っていては話になりません。

　松下幸之助や小林一三など時代を画した優れたリーダーの評伝を読む
と「災いを転じて福となす」という意味の言動が多く見られます。およ
そ人の世に起こることで全面的に良いとか全面的に悪いということはあ
りません。夏に「今は少なくとも寒くないぞ、だとしたら……」と考え
られるのが本当の経営者です。

　表面的な脅威の裏にはいつも大きな機会が潜んでいます。昔から言う
ように「ピンチはチャンス」なのですが、遠近歪曲トラップはせっかく
のチャンスを覆い隠してしまいます。逆・タイムマシンから見える日本
の人口問題における歴史風景は、時間的に広い視野を持ち、問題を歴史
的な文脈に置いて考えることの大切さをわれわれに教えています。

第14章 | 海外スターCEOの評価に見る遠近歪曲

　シリコンバレー、日本的経営、人口問題と、前章まではマクロのレベルでの遠近歪曲トラップを考察してきました。この章では、ぐっとミクロのレベルでの「遠いものほど良く見え、近いものほど粗が目立つ」を考察してみましょう。題材は海外の「CEO（最高経営責任者）」です。

　日本のメディアでは、「先進的」な発想と「グローバル」な視点を持ち、「改革」を「大胆」に実行する海外のCEOが注目を集め、手本として称賛されることがしばしばあります。それに比べて日本の経営者は「時代遅れで内向きで、過去のしがらみを断ち切れず、目先の細事に終始している。これではダメだ……」という話になります。しかし、同時代に称賛された海外スターCEOのその後を追いかけてみると、たいした業績を残さないどころか、とんでもない意思決定や戦略で会社を窮地に追い込んだ例が少なくありません。

同時代の空気は「非連続的な改革」と「グローバル化」

　1990年代はバブル崩壊によって日本経済が苦境に陥った時代です。リストラに終始し、さらなる業績の落ち込みを食い止めるのに精いっぱいで、70年代までの高度成長期や、80年代のバブルのイケイケ一辺倒の時代に活躍した経営者像は過去の遺物となります。高度成長期に存在感を確立し、バブル崩壊を経て苦境に陥っていた日本の大企業は、従来の延長線上にはないようなアクションに踏み出す必要性に迫られました。こうした同時代の空気の中で、過去を断ち切り「非連続的な改革」を断行する経営者像が規範として定着します。

　この時期の日本でもうひとつの経営課題として注目を集めたキーワードが「グローバル経営」です。前章で見たように、日本国内は人口減少

により市場の拡大は難しいという同時代の空気が充満する中で、未開拓の海外市場に活路を見いだすグローバル化が最重要の経営課題となりました。旧来の日本の経営や経営者を揶揄する表現として、「まるでドメスティック」を短縮した「マルドメ」という言葉が使われるようになったのもこの頃です。

　グローバル化を遂行するためには、世界に通用する視点や資質を持っていることがCEOの要件として前面に出てきました。松下幸之助や本田宗一郎に代表される昭和時代の大物経営者に代わって、海外のCEOが以前より大きな注目を集めるようになった次第です。

　海外のスター経営者というと、現在はフェイスブックのマーク・ザッカーバーグ氏、テスラのイーロン・マスク氏、アマゾンのジェフ・ベゾス氏のような新興テック企業のCEOが注目を集める傾向にあります。しかし、2000年前後の時点では、むしろ欧米の伝統的な大企業のCEOがメディアの主役でした。日本の大企業がなかなか変化を打ち出せない中、同じように成熟ゆえの転換期を迎えているにもかかわらず、「欧米のグローバル企業にはドラスチックな経営改革を果敢に推し進めるリーダーが出てきている。彼らに学ぶべきだ」というわけです。

　例えば、ヨルマ・オリラはその1人です。今となってはこの名前を知る人は少ないかもしれません。1998年から2006年までフィンランドのノキアのCEOを務めた人物です。19世紀のフィンランドで製紙会社として設立されたノキアは、その後合併と多角化を重ね、電線や木材、ゴム長靴からトイレットペーパーまで幅広い分野で事業を展開していました。

　一時は倒産寸前まで追い詰められるのですが、他の事業から思い切って撤退し、中核事業とした携帯電話に集中的に投資を進めます。オリラのCEO就任から8年後、ノキアはヨーロッパ最大の時価総額を誇る企業に成長していました。フィンランドの伝統的なコングロマリットを巨大なグローバル企業に生まれ変わらせたオリラの経営スタイルは、日本でも「選択と集中」による企業変革の手本とされました。

　「非連続な改革」と「グローバル化」を本領とするCEOの親玉は、

何といってもゼネラル・エレクトリック（GE）のジャック・ウェルチでしょう。1981年にGEのCEOに就任し、その後20年という長期にわたって伝統的な大企業の変革にまい進したウェルチは「フォーチュン」誌の「20世紀最高の経営者」に選出されています。

「世界で1位か2位になれない事業からは撤退する」という大胆な選択と集中、成長分野を狙ったM&A（合併・買収）とグローバル化、大規模な中間管理職の整理解雇、保守的で官僚的な企業文化の破壊……。ウェルチは過去の成功体験の呪縛に苦しむ日本の大企業にとって、格好の手本でした。回想録『ジャック・ウェルチ　わが経営』（日本経済新聞出版）は日本でもベストセラーとなり、企業変革の教科書の観がありました。

ケース1：カーリー・フィオリーナ

ここからは、彗星のごとく現れスターCEOとなったものの、その後の経営の失敗で評価を落とした経営者の事例を詳しく見ていきましょう。大企業を変革する経営者を待望する同時代の空気の中で、大きな注目を集めた経営者の1人に、1999年に米ヒューレット・パッカード（HP）のCEOに就任したカーリー・フィオリーナがいます。

HPの創業は1939年。当時のシリコンバレーの主力産業は軍需と果樹園で、「ハイテク分野での若者の起業」という文化とは無縁でした。シリコンバレーのガレージ起業の第1号となったHPは、創業から1960年代までは計測機器の開発製造を中心に業容を拡大し、軍需産業の追い風を受けて研究開発型企業として発展したことはすでに述べた通りです。1970年代にはコンピューターに本格参入し、1980年代にはキヤノンからの技術導入によりプリンター事業に注力するなど、事業領域の拡張にも成功しました。シリコンバレーを代表する伝説的な存在として、HPは名声を確立していました。

ところが、電子計測器やワークステーションなどのハードウエアを本

業とする HP は、1990年代のインターネットの潮流に乗り遅れます。売り上げ、利益ともに停滞が続く中で、取締役会は次期 CEO として経営改革能力を基準に社外の人物を指名します。それがカーリー・フィオリーナでした。フィオリーナは1980年に AT&T に入社し、順調に昇進を重ねます。1996年に AT&T からルーセントテクノロジーズが分離独立して以降は、ルーセントテクノロジーズのグローバルサービス部門のリーダーとして活躍していました。

HP の CEO となった直後から、日本ではフィオリーナに大きな注目が集まり、ビジネス系のメディアだけではなく、一般雑誌も大々的に取り上げ、人物像や言動を日本の読者に伝えました。

彼女がクローズアップされた大きな理由としては次の2つがありました。第1に、「日本の大企業の社長は内部昇進のオッサンばかり……」という嘆きがあるところに、社外出身の45歳、しかも女性の CEO が登場したということ。第2に、HP がインターネットの波に乗り遅れた往年の名門製造業企業だったということ。閉塞状況にあった日本の大企業のイメージと重なったため、ある種の共感を日本で得たわけです。

CEO に就くやいなやフィオリーナは「ジャーニー」というキーワードを使ったビジョンを打ち出し、変革の意図と戦略を内外に示します。就任当初からフィオリーナは、日本でも「最強の女性」として注目を浴びました。

図14-1 | フィオリーナ氏は、「ハイテク業界の老舗」に確実に新風を吹き込み始めた。フィオリーナ氏は、会議の場や電子メールを駆使して全社員に HP の原点回帰を訴えている。そのコミュニケーション能力は「天才的」との社内評だ。経営スタイルの特徴としては、もう一つ締め切り厳守がある。同社の組織改革にせよネット戦略にせよ、着手と同時に対外的な発表時を設定し、遅れを許さない。毎朝4時に起床し、ジョギングを日課とする。日本への出張時にホテルにランニングマシンを備えさせたのも「イッツ・マイ・ライフだから。」アルマーニのスーツをさっそうときこなす「最強の女性」

図14-1

▶話題の人

老舗HPに新風吹き込む「最強の女性」

プリザーブ・ザ・ベスト、リインベント・ザ・レスト——昨年7月、米ヒューレット・パッカード（HP）の社長兼最高経営責任者（CEO）に就任したカーリー・フィオリーナ氏（45歳）が掲げる企業再生のための基本方針がこれだ。きれいに韻を踏むキャッチフレーズを、無粋を承知で直訳すれば、「最良のものを残し、それ以外はゼロから作り直せ」となる。

ルーセント・テクノロジーズのインターネット事業部門の総責任者として、米有力経済誌の「フォーチュン」から「米国ビジネス界最強の女性」という称号を与えられたフィオリーナ氏は、「ハイテク業界の老舗」に確実に新風を吹き込み始めた。

社員一人ひとりを尊重する「HPウェイ」と呼ばれる企業文化を有する同社は、しばしば「家族主義的」「日本企業的」と形容される。職場満足度の向上に余念がなく、社員のキャリア形成に十分な配慮をする姿勢は、優秀な人材を吸引し、その創造力を引き出してきた。だが、フィオリーナ氏は「HPウェイが悪用されている」と言う。

家族主義的な社風が易きに流れれば、意見対立を避け、安易に妥協してしまう悪弊を生む。業界平均の3倍という高い社員定着率も見方を変えれば、実績に基づく信賞必罰の処遇が徹底していないゆえの居心地の良いぬるま湯なのかもしれない。「痛みを伴う改革を避ける言い訳にHPウェイが使われていた」というのがフィオリーナ氏の見立てである。

HPウェイの神髄は2人の発明家が

ガレージから創業したベンチャー精神にある。最良のものとして残さなければならないのは、このベンチャー精神であり、創業後60年間にたまったアカは洗い流す必要がある。フィオリーナ氏は、会議の場や電子メールを駆使して全社員にHPの原点回帰を訴えている。そのコミュニケーション能力は「天才的」との社内評だ。

経営スタイルの特徴としては、もう1つ締め切り厳守がある。同社の組織改革にせよネット戦略にせよ、着手と同時に対外的な発表時を設定し、遅れを許さない。

毎朝4時に起床し、ジョギングを日課とする。日本への出張時にホテルにランニングマシンを備えさせたのも「イッツ・マイ・ライフだから」。アルマーニのスーツを颯爽と着こなす「最強の女性」はHPを戦う集団に変えようとしている。

（三橋 英之）

「HPを戦う集団に変えたい」

出所：日経ビジネス 2000年2月7日号 時流潮流「老舗HPに新風を吹き込む『最強の女性』」

はHPを戦う集団に変えようとしている。

　フィオリーナがCEOに就任してから1年余りが経過した時点で、日経ビジネスは彼女を「女性辣腕CEO」として高く評価し、7ページに及ぶ特集記事を掲載するなど、日本で最も知名度の高い女性経営者でした。

　昨年7月にHPの経営の舵（かじ）を取ってから400日あまり。その間、四半期ごとの業績は15％以上の成長を記録、株価は昨年7月の80ドルから104ドルまでに上昇。まずは順調なスタートを切った。前CEOのルー・ブラット氏から会長職を引き継いだことは、HPがますますフィオリーナ色を強めることを示している。

（中略）

　外部から40代の女性経営者をいきなりスカウトしたり、事業部数を激減させたHPの大胆さは、日本企業から見れば随分違った経営手法に映るだろう。しかし、もともと長期雇用で集団重視を掲げてきたHPは社風も経営革新も日本の大企業と似通った面は多い。フィオリーナ氏は大幅な人員整理や、事業部門の他者への売却などは全くしていない。リバーモア氏の抜てきのようにすべては社内資源の活用から生まれている。顧客をHPに引き込むにはどうすればいいか。フィオリーナ氏は、リバーモア氏の働きを社員向けの「教材」として示している。もっとも社員一人ひとりが"リバーモア氏"となるように、フィオリーナ氏は小さな変革を次々と進めている。

<small>（出所：日経ビジネス 2000年10月9日号 特別インタビュー「女性辣腕CEOが激白する　フィオリーナの400日　ヒューレット・パッカードをこう変えた」）</small>

　華々しい船出だったフィオリーナCEOですが、その後のHPの業績は下降を続けます。決定的だったのは、競合であるコンパックの買収でした。HPを「21世紀の最先端技術企業」にするという目標を掲げたフィオリーナは、2004年に250億ドル（約2兆7000億円）という巨額を投じてコンパック買収に打って出ました。創業家や一部の大株主は反対しますが、必要な数の株主の同意を得たフィオリーナは買収に踏み切ります。

　2004年12月6日号の日経ビジネスの記事は、「変化を恐れない強い意志を持つ気鋭の女性経営者」と、依然としてフィオリーナに好意的な評価をしています。

　ガラスの天井といわれる米国でも女性の昇進には見えない壁があります。HPのトップに就任したときのインタビューでも、「女性初うんぬん」ばかり聞かされてうんざりだったとのこと。コンパック買収、創業家との対立を乗り越えたのは、変化を恐れない強い意志でしょう。そこには男女差はありません。

フィオリーナの双肩には買収成果を上げるというプレッシャーがのしかかりますが、その実現は困難でした。2000年前後にはIT業界の成長エンジンがハードウエアからソフトウエアやサービス分野にシフトしているのは明らかでした。にもかかわらず、競合のハードウエアメーカーの買収という大勝負に出たことに根本的な問題がありました。2005年、取締役会の決定により、フィオリーナは電撃的に解任されます。

　日本で大いにもてはやされたカーリー・フィオリーナですが、ユニークな経歴と若さ、女性であること、きらびやかなビジョンばかりが注目され、難局にあったHPをどうするか、という経営の実質的な中身はほとんど論じられませんでした。日本でのフィオリーナに対する称賛は遠近歪曲による過大評価という面が否めません。

後継CEOマーク・ハードとその後のフィオリーナ

　フィオリーナが去った後のHPは、コンパックという負の遺産を抱えました。この解決に取り組んだのが後任のマーク・ハードです。ハードがHPのCEOに就任したときに、ニュースで見たインタビューを今でも覚えています。「フィオリーナ前CEOの時代にHPは迷走したように見えるが、新CEOの戦略は？」と聞かれて、ハードは「コスト削減！」と一言。フィオリーナのようなキラキラした「ビジョン」をまったく語りません。インタビュアーが「それだけですか？　ほかに大切なことは？」と問いを重ねると、「営業力！」とこれまた一言だけ。ずっこけるインタビュアーが印象的でした。

　ハードはフィオリーナの方針を全否定し、コスト削減などの堅実な路線へと転換しました。日経ビジネスのインタビュー記事は、当時の彼の声を伝えています。

　図14-2　米カリフォルニア州パロアルトの本社にいる私が、壮大なアイデアをいくつも書き出し、演出の利いた感動的なスピーチをし

図14-2

出所：日経ビジネス 2005年8月22日号 編集長インタビュー　「マーク・ハード氏［米ヒューレット・パッカードCEO兼社長］夢を語る時は過ぎ去った」

たとしても、それが東京や大阪にいる社員にとって本当に切実なものになるのでしょうか。お客様がHPに求めているのは、スピーチやビジョンではなくて、最高の製品とサービスなんです。今は夢を語る時ではなく、やるべきことを確実に実行すべき時です。

　ハードは1980年、営業として米NCRに入社し、営業とマーケティングを中心に幅広い業務を経験した後、社長に就任、退任時には純利益を約5倍にしています。その経営スタイルはコスト削減を主軸とするもので、フィオリーナ氏のような華々しさはありません。名前（Hurd）と同様に性格もハード。HPでは「実質的にCEO兼COO（最高執行責任者）兼CFO（最高財務責任者）兼営業部長」の独裁者といわれました。厳密な原価管理を基盤に、陣頭指揮でゴリゴリと営業し、確実に数字を挙げていくタイプです。

　ハードは既存事業の増収増益にこだわり、あとは相対的に小さな

M&Aをするだけで、HPのポートフォリオを劇的に組み替えたわけではありません。HPを「廉価なベンダー」と割り切って位置づける「ハード重視」のハードの戦略は、往年の「HP＝イノベーター」のイメージとは逆行します。それでも、**「稼げないイノベーターよりはずっとマシ」**というのが資本市場での評価でした。ハードがCEOをしていた5年間で、HPの売り上げは63％上昇し、企業価値は2倍、営業利益は3倍になっています。

「マッチョなオッサン」にして剛腕のコストカッターだったハードは社内での人気はありませんでした。5年後の2010年にハードはセクハラ疑惑でCEOを辞任しています。それでも本国米国ではHPの再建がそれなりに評価され、2007年の「フォーチュン」誌は「最もパワフルなビジネスリーダー25人」に、2009年の「サンフランシスコ・クロニクル」誌は「CEOオブ・ザ・イヤー」にハードを選びました。

しかし、フィオリーナとは対照的に、日本ではハードはほとんど注目を集めませんでした。ハードはその後オラクルのCEOになり、2019年に62歳の若さで病死しています。

一方のフィオリーナはコンパックの買収強行から解任までのプロセスをどのように受け止めていたのでしょうか。解任後のフィオリーナの発言を読み解くと、興味深いことに、彼女自身がある種の遠近歪曲に陥っています。2006年の日経ビジネスのインタビューで「米国人は短期的な視点に立ち過ぎている」と嘆いています。

図14-3│取締役会での意見の相違があった末、私が解任を告げられた時、とても悲しかったのです。虚心坦懐で経営にあたってきたつもりでした。私は会社の人たちに「さよなら」と告げる時間さえ与えてもらえなかった……企業の経営は結果を示す必要があります。しかし、これは米国の問題の一つだと思うのですが、私たちは非常に短期に結果を求める傾向がある。すぐに成功することを求めている。これは米国社会の至る所で見られます。日本人は経営に歴史的な感性を持ち合わせていると感じています。しかし、米国人はそう

図14-3

出所：日経ビジネス 2006年12月6日号 敗軍の将 兵を語る
「カーリー・フィオリーナ氏［米ヒューレット・パッカード
元会長兼CEO（最高経営責任者）］役員の人選を誤った」

した感性に少し乏しいのではないかと思うのです。

　逆・タイムマシン経営論を提唱しているわれわれからすれば、「日本人は経営に歴史的な感性を持ち合わせている」には同意しかねます。日本から見たフィオリーナは「老舗企業の再生に乗り込んできた最強の女性CEO」だったわけで、双方に遠近歪曲トラップが作動していたといえます。

ケース2：ウルスラ・バーンズ

　日本から見たCEOの評価における遠近歪曲のもう1つの事例が、2009年から2014年まで米ゼロックスのCEOを務めたウルスラ・バーンズです。バーンズが就任当初から注目されたのは、そのユニークな背景にあります。彼女はフォーチュン500に入る企業のCEOとしては初

めての黒人女性でした。バーンズ氏を指名した前任CEOのアン・マル
ケイヒも女性だったため、女性から女性へのCEOのバトンタッチとい
う点でも話題になりました。

　バーンズはシングルマザーの家庭に生まれ、ニューヨークの公営住宅
で育ち、苦学してコロンビア大学で機械工学の修士号を取得しています。
夏季インターンシップを経てゼロックスに入社以来、ゼロックス一筋の
たたき上げの経営者です。2012年11月12日号の日経ビジネスは「人種
性別どこ吹く風」という見出しの下にバーンズを5ページにわたる特集
記事で紹介します。

　図14-4 ｜ 名門復活を期すゼロックスをCEOとして率いて4年目。低
　　　　所得者向け住宅で育ちながらも、企業トップに上り詰めた。アメリ
　　　　カンドリームの体現者はロールモデルとしての使命も背負う

図14-4

出所：日経ビジネス 2012年11月12日号 旗手たちのアリア「米ゼロックスCEO兼会長　ウルスラ・バーンズ　人種性別どこ
吹く風」

（中略）

　前任者のアン・マルケイヒからバーンズへ2代続いた女性政権の10年余りで、名門復活への光明は見え始めたとも言える。
（中略）

　米近代史と彼女の半生を重ね合わせた時、貧困を脱して名門企業の頂点に駆け上がったキャリアは、「黒人」と「女性」が到達できる最高点の更新そのものであったと分かる。現実には人種差別も「ガラスシーリング」と呼ばれる組織内の壁も残っている。彼女は自らの力で社会の変革より早く、そうした障害を潜り抜けてきた。同等かそれ以上の速度を見せた同世代の黒人女性は、コンドリーザ・ライスくらいだろう。8月にオーガスタで初めて女性会員となった1人は彼女だ。

　バーンズがCEOを務めていた当時のゼロックスは既に時代の潮流から取り残されつつあり、フィオリーナのHPと同様に「名門復活」が課題でした。フィオリーナがコンパックの買収に賭けたように、バーンズは、2009年にアフィリエーテッド・コンピューター・サービシズ（ACS）社の買収を発表します（買収の完了は翌2010年）。これは64億ドルという巨額の投資を伴うものでした。もちろんゼロックスにとって過去最大規模、乾坤一擲の大勝負です。
　ACSはダラスに基盤を置くITサービスの会社で、アウトソーシングの受託事業で成長していました。長年の本業であったコピー機と消耗品のビジネスに陰りが見える中で、サービスに軸足をシフトさせること それ自体は合理的でした。しかし、バーンズのゼロックスは大枚をはたいて買収したACSをほとんど生かすことができず、2015年にはヨーロッパのITサービス企業、アトスに売却してしまいます。その金額はわずか10億ドルでした。
　事業領域としてはゼロックスとACSは相互補完的な関係にありまし

たが、肝心のPMI（買収後の統合）がさっぱり進まなかったのが失敗の原因でした。上品で洗練されたゼロックスの文化と、1988年の創業以来、成長分野のITサービスで成り上がってきたACSの攻撃的な社風には大きなギャップがありました。ACSの経営陣をゼロックスの事業と融合し、成長に結びつけるという仕事において、バーンズは成果を出せませんでした。

　それでも日本のメディアで取り上げられるバーンズは、依然として「アメリカンドリームの体現者」「米国初の黒人女性の大企業経営者」であり、ゼロックスのCEOとしての仕事の中身はほとんど注目されませんでした。以下は、2014年7月20日の日経電子版の「男性だけで決めた偏った戦略は失敗する」という記事からの引用です。

　　アメリカンドリームを体現した人だ。ニューヨーク市の貧困地区の出身、アフリカ系、女性という3つのハードルを乗り越え、1人の技術者から複写機メーカー、米ゼロックスの最高経営責任者（CEO）に登りつめた。複写機からサービスへの事業転換を主導しつつ、ダイバーシティ（人材の多様性）の重要性も強調する。原点は幼少時、母から繰り返し聞かされた言葉。「今の環境が将来を決めるものではない」。貧しさをはねのけて可能性を求めることを説いた。厳格なカトリックの女子校に入学させ、娘を励まし続けた。シングルマザーとして強く生きた母は多くの「名ゼリフ」を残した。「受けた恩恵以上の結果を残す」は今は自分の口癖だ。

　　（中略）

　　自身が示したように、「性別や人種を問わず、優秀な人材が登用されるべきだ」と主張する。「属性が似た男性だけで決めた偏った戦略は失敗する」と言い切る。CEOという存在感を生かし、「ダイバーシティが社会を良くする」との信念を説いて回っている。

　（出所：2014年7月20日日経電子版「男性だけで決めた偏った戦略は失敗する」）

「男だけで決めた偏った戦略」ではなかったにせよ、ACSの巨額買収は明らかに失敗でした。バーンズは2016年にCEOを辞任します。

老獪（ろうかい）なアクティビストのカール・アイカーンが株主として大暴れしたこともあり、その後のゼロックスはいよいよ混迷を深めます。資本参加に乗り出した富士フイルムとの交渉もアイカーンの反対でまとまらず、結局は富士ゼロックス（富士フイルムとの合弁企業）の株を富士フイルムに売却し、合弁関係を解消しています。

するとゼロックスはHPのPCやプリンターの事業（2015年にHPはPCやプリンターを主たる事業とする「HP」と企業向けサービスを展開する「ヒューレット・パッカードエンタープライズ」に分割されていた）の買収に乗り出します。HPの時価総額はゼロックスの3倍にも上るため、富士ゼロックス株の売却益では到底足りず、莫大な借り入れを模索します。一方のHPは同社の価値の評価額が低過ぎると買収提案をはねつけ、ゼロックスを逆買収する可能性を示唆する発表で対抗しました。かつてフィオリーナとバーンズという「スターCEO」を擁していた両社は、のっぴきならない関係にあります。

背景錯誤による遠近歪曲

これまで考察してきた同時代性の罠に共通しているのは、文脈剥離のメカニズムです。考察する対象がそもそも置かれていた文脈から切り離され、「単体」として注目を集める。その結果として、注目対象が全面的に過大評価されたり（例えば「シリコンバレー」）、過剰に悪者扱いされたり（例えば「人口減少」）、これが時として意思決定者の判断や行動を誤った方向に導きます。

経営者評価における遠近歪曲トラップの原因もまた文脈剥離にあります。その企業におけるCEOの置かれた状況や、CEOの意思決定の中身やその結果よりも、性別や人種や出身や報酬といった個人的な背景の方に目が向いてしまう。つまりは「**背景錯誤**」です。遠いところにある

海外の企業については、経営者のアクションやその結果についての情報は自然には耳に届きません。同時代の関心を引く背景が華々しいほど、背景錯誤が生まれやすい。結果として文脈剥離を引き起こし、トラップを発動するという成り行きです。

　2015年にソフトバンクグループの孫正義社長の指名によりインド人のニケシュ・アローラが代表取締役副社長に就任しました。ニケシュの抜てきは注目を集め、メディアは盛んに報道しました。日経ビジネスは「孫正義社長の熱烈な誘いを受け、ソフトバンクに入社した。165億円の役員報酬や600億円もの自社株買いで話題を集めた、今、日本で最も有名なインド人だろう」（2015年9月28日号 特集「グーグル、マイクロソフトも インド人CEO 世界を制す」）としています。ところが、創業者からのバトンタッチは当初の意図通りには進まず、翌年にニケシュは辞任しています。

　2010年代を通じてインド出身者がグローバル企業のリーダーに抜てきされることが日本でも注目されていました。ニケシュもまたグーグルの上級副社長の経験があるインド人だったので、この2つの背景ばかりが注意を集め、孫社長の大胆な人材登用への称賛とともに、「ITの時代、これからのCEO人材はインド人だ」という議論が沸き立ちました。

　　グーグルやマイクロソフト、そしてソフトバンクで、インド人リーダーが相次いで誕生した。高度な理数系教育や厳しい環境が生む卓越したマネジメント能力と、世界中に広がるネットワーク。取材班が現地で見たのは、こうしたインドパワーがベンチャー企業や製造業の世界にも及んでいる事実だ。圧倒的で、これからも増大するこの力にのみ込まれるか、成長の糧とするか。日本企業も意識を変え、インドが輩出する人材のパワーを生かすべき時代が到来している。

（出所：2015年9月28日号 特集「グーグル、マイクロソフトも インド人CEO 世界を制す」）

　ただし、です。ニケシュがグーグル出身の優秀なインド人だとしても、

孫社長のような特異な創業経営者の後任としてうまくいくかどうかは別問題です。フィオリーナはスタンフォード大学出身で、ルーセントでも活躍した新進気鋭の女性経営者でしたが、性別や経歴といったバックグラウンドは、成熟した大企業であるHPをどのように再成長軌道に乗せるかという経営の中身とは直接的には関係ありません。ニューヨークの貧困層出身のバーンズがフォーチュン500企業の初の黒人女性CEOとしてアメリカンドリームを実現したことは大いに称賛されるべきですが、CEOとしてのバーンズの実績は称賛とはほど遠いものでした。

　フィオリーナやバーンズがダイバーシティを訴え、「主夫」のサポートを得て重責ある仕事にフルコミットする（バーンズだけでなく、フィオリーナの夫も彼女のキャリアを支えるためにAT&Tを早期退職して話題になった）という「新しい働き方」のモデルを示したことは重要な貢献です。しかし、こうしたことはすべて背景です。リーダーシップの中身ではありません。

　CEOはCEO、その人の仕事の中身（戦略的な意思決定とその実行）および成果で評価されるべきです。当たり前の話なのですが、経営リーダーを論じる際に、同時代の人々はしばしば背景錯誤に陥ります。実にもったいないことです。フィオリーナやバーンズの事例は、成熟した大企業を変革しようとするリーダーについて考えるうえで格好の教材を提供してるからです。

　その手腕を期待されて社外から招かれ、HPを変革する意志もビジョンも持ち合わせていたフィオリーナが、なぜ就任後5年を経た時点になって、取締役会と全面的に対立してまで巨額の投資を必要とする買収に踏み切ったのか。しかも、インターネットの時代になってハードウェアのコモディティー化が進行することがはっきりしていた（当のHPがそれでさんざん苦しんでいた）にもかかわらず、なぜコンパックというハードウエア企業に買収の狙いを定めたのか。

　バーンズにしても、ゼロックスのたたき上げで、現場とそこで働く人々についても肌感覚でよく分かっており、社内で広範な経験を積み、CEOになる前は前任のマルケイヒと二人三脚で経営のど真ん中にいた

わけです。著者がよく知る人の中に、当時富士フイルムの経営戦略部門のマネジャーで、バーンズがCEOの時代に一緒に仕事をしたことがある人がいるのですが、彼によれば彼女は「初対面で握手をした瞬間に、この人は違う、何か特別なものがある」というオーラを感じさせたそうです。それほどまでの人物であれば、ACSのPMIで大いに手腕を発揮してもよさそうなのですが、なぜ失敗に終わったのか。

　こうした問いを立て、それについて自分の頭で考える。就任時のCEOの人となりだけでなく、その人の意思決定や行動を当時の歴史的な文脈に置いて考えなければ、意味のある知見は引き出せません。

第15章　「日本企業」という幻想

　第3部では遠近歪曲トラップという同時性の罠について考察してきました。時間的にも空間的にも遠いものほど良く見え、「いま・ここ」の事象ほど粗が目立つ。このバイアスが往々にして偏った現状認識や間違った評価や判断をもたらします。

　遠近歪曲トラップが作動すると、何を見ても聞いても「今の日本はとにかくダメ」という結論になりがちです。ちょっと考えてみれば当たり前の話ですが、しょせん人の世の中、すべてにおいて優れた国や体制などというものは存在しません。日本にも米国にも中国にもドイツにも、それぞれ良いところと悪いところが混在しています。第11章で見たように、米国のシリコンバレーという地域にも、良いところと悪いところがあります。

「今の日本はとにかくダメ」？

　「今の日本はとにかくダメ」という議論でしばしば持ち出されるファクトに、人口1人当たりGDP（国内総生産）における日本の地位低下があります。かつては世界ランキングの上位にいた日本がずるずると順位を下げ、他の先進国の後塵を拝している。もはや日本は発展途上国だ——という主張です。

　「1人当たりGDP」という大ざっぱな指標がその国の経済力や豊かさを正確に捉えているかどうかには議論の余地がありますが、ここでは簡便に国際比較可能な指標という程度の意味で、この四半世紀の1人当たりGDPの国別ランキングとその推移を振り返っておきましょう。表は1990年から5年おきに2018年（入手可能な最新年）までの1人当たりGDPのトップ10をまとめたものです。GDPの4大大国（米国、中国、日本、ドイツ）については、別枠でそれぞれ順位の推移を示してありま

す。（**図15-1**）

　表を見ればすぐ分かるのですが、人口を分母とする指標の性質からして、このランキングは人口の少ない小国に有利となります。この20年は「ルクセンブルク最強」という時代が続いています。ルクセンブルク以外にも、スイス、マカオ、ノルウェー、カタール、アイルランドといった小国や地域がトップテンの常連です。

　ちなみに、このデータは国際通貨基金（IMF）の統計によるものですが、さらに多くの国や地域を含んでいる国連統計を使うと、この期間のトップは常にモナコかリヒテンシュタインのどちらかです（ルクセンブルクは大体3位か4位）。他にもバミューダ、ケイマン諸島、英領バージン諸島といった「国」とは呼べないような地域が上位に顔を並べています。国連統計では、大国の米国ですら表にある7時点で1回も上位10カ国には入ってきません（ただし日本は1995年と2000年に、それぞれ6

図15-1　1人当たりGDPトップ10の推移

	1990	1995	2000	2005	2010	2015	2018
1	スイス	ルクセンブルク	ルクセンブルク	ルクセンブルク	ルクセンブルク	ルクセンブルク	ルクセンブルク
2	ルクセンブルク	スイス	日本	ノルウェー	ノルウェー	スイス	スイス
3	スウェーデン	日本	ノルウェー	アイスランド	スイス	ノルウェー	マカオ
4	フィンランド	デンマーク	スイス	スイス	カタール	マカオ	ノルウェー
5	ノルウェー	ノルウェー	米国	カタール	サンマリノ	カタール	アイルランド
6	デンマーク	ドイツ	アラブ首長国連邦	アイルランド	デンマーク	アイルランド	アイスランド
7	アラブ首長国連邦	オーストリア	アイスランド	デンマーク	オーストラリア	米国	カタール
8	アイスランド	スウェーデン	デンマーク	米国	スウェーデン	シンガポール	シンガポール
9	日本	オランダ	カタール	アラブ首長国連邦	オランダ	デンマーク	米国
10	米国	米国	スウェーデン	スウェーデン	マカオ	アイスランド	デンマーク

出所:国際通貨基金（IMF）

位と8位でトップ10入りしている）。

　話をIMF統計に戻しますと、1990年から2000年までの10年間、日本は人口1億人以上の大国でありながらトップ10に顔を出してくる例外的な国でした。その順位は世界一の経済大国である米国よりも上で、2000年にはなんと絶対王者ルクセンブルクに次いで2位につけています。ところが、2005年にはトップテンから陥落し（15位）、2010年には18位、その後さらに順位を下げて、2015年と2018年は26位です。

　多くの年でランキング入りしている米国はもちろん、20位前後と安定的に推移しているドイツと比べて、いかにも日本の衰退が目立ちます。指標の性質からして、このランキングは為替レートにあからさまな影響を受けますが（1990年代のように円高になると日本は上位にくる）、日本の生産力そのものが相対的に落ちているのは確かです。

　ただし、です。この簡単なデータを見るだけでもいくつかの面白い事実が指摘できます。第1に、停滞する日本が多くの課題を抱えているのは確かですが、だからといってランキングの上位にいる国や地域に問題がないかといえば、そんなことはありません。経済的な側面に限定しても、それぞれに深刻な課題を抱えています。

　例えば、カタール。今世紀に入ってからはランキングの常連ですが、天然ガスに極度に依存した一本足打法の産業構造です。資源産出国として未曽有の経済的豊かさを享受している一方で、政治的な緊張もあって、今後の国の舵取りはいよいよ難しい時期に来ています。ここ数年間、著者の楠木はカタールの公的部門や企業の人々と年に1回会って議論する機会を得ています。彼らの生の声を聞いていると、今後のカタールの難しさは日本の比ではないという気がします。

　第2に、中国の「豊かさ」です。中国は日本を抜いて世界第2の経済大国となり、いずれ米国を抜き世界一になることはほとんど確実です。「今の日本はとにかくダメ」という人は中国の台頭を強調し、それと比べて日本は取り残されている、もはや未来がない、と嘆きます。中国は1人当たりGDPでも1990年以来大きく順位を上げています。しかし、それでも72位です。

これがどのような位置づけかというと、**赤道ギニア（70位）やメキシコ（71位）よりもまだ下**なのです。それもこれも中国が人口規模の点で超大国だからです。言い換えれば、あれだけの人口を擁するからこそ世界第2の経済大国となり得たわけです。人口1人当たりで見れば中国の豊かさは「世界第2の経済大国」のイメージとは大きなギャップがあります。

　しかも、このところの香港統治問題に表れているように、一党独裁制と資本主義との間には根源的な矛盾があります。経済成長を続けるほど、中国が抱える無理難題はますます大きくなるわけで、中国ほど統治が難しい国はないといってもよいでしょう。要するに、世界のどこを見ても、ごく一部の小国は別にせよ、**「うまくいっている国」などどこにもない**ということです。

　第3に、これが最も声を大にして言いたいことなのですが、人口1人当たりGDPで日本が上位にあった1990年代後半、当の日本における同時代の空気はどうだったでしょうか。この指標の性質からして、日本のような人口1億人以上の大国が2位や3位になるということはほとんど

図15-2　日、米、ドイツ、中国の順位の推移

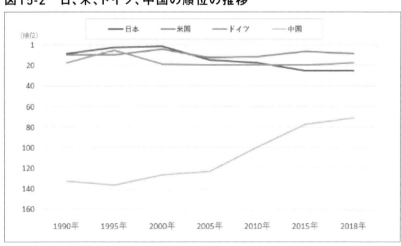

出所：国際通貨基金（IMF）

奇跡的な「成果」です。

　ところが、です。人々が当時何を言っていたのかを思い返してみてください。今と変わらず「日本はダメ」という議論に明け暮れていました。バブル崩壊にもかかわらず不良債権の処理は進まない。日本的経営は崩壊し（20年後の今も順調に崩壊し続けているのは既に見た通り）、抜本的な改革が求められているにもかかわらず企業は変われず、イノベーションも出てこない――。「ついに1人当たりGDPでもルクセンブルクに次いで世界第2位になった！」と国民総出で祝賀パレードをやってもよさそうなのに、「今の日本はとにかくダメ！」と言っていたのです。

　1人当たりGDPが2位でもダメ、26位でもダメ。「いったいどうすりゃいいんだよ！」と思わず言いたくなります。つまりは遠近歪曲です。

人手不足こそ絶好のチャンス

　1人当たりGDPのランキングに対する日本の人々の認識は、13章で詳細に検討した人口問題とよく似ています。人口が増えていた時代は「人口増こそ諸悪の根源」だったのに、逆に人口減に直面すると「人口減こそ諸悪の根源」になる。要するに、客観的状況がどうであれ、「いま・ここ」が一番悪く見えるというバイアスです。

　繰り返しますが、すべてにおいてうまくいっている国はありません。まったく問題がなかった時代もありません。さらに言えば、強みと弱みは別々に存在するわけではありません。先ほどの中国の大国ゆえの経済成長とそれが抱える課題のように、強みの裏に弱みがあります。逆もまた真なり。両者はコインの両面です。どちらから見るかで、同じことが強みにも弱みにもなります。

　人口問題の章で触れたように、かつての人口増の時代は「移民」と言えば新天地を求めて日本から脱出する人でした。時を経て、人口減の現在では、外国人の受け入れという意味での移民政策がクローズアップされてきました。

優秀な人材が海外からきて日本で活躍したり、外国人が日本に資本を入れて日本で商売してもらったりという動きには大賛成です。しかし、現行の技能実習生のような欺瞞に満ちた制度で、安価な労働力を安直に移民に求める。これにはわれわれは反対の立場です。

　少子高齢化で人手不足だ、と言いますが、**人手不足こそ「働き方改革」のドライバー**であり、日本の企業経営に生産性を向上させる絶好のチャンスです。

　企業は3つの市場での評価にさらされています。第1は競争市場。製品なりサービスの競争の中で、顧客に選ばれる会社、選ばれない会社が出てくる。これが経営に対する規律となり、価値を生み出せない会社は淘汰される。競争にはしんどい面もありますが、いまだに市場経済が残っているのは、結局のところ、それが経済社会を駆動するエンジンとして強力だからです。

　第2の評価の場が資本市場です。株主に対して利益貢献をしなければ別のところに資本が流れてしまいます。資本市場における競争メカニズムもまた経営に対する重要な規律になります。この10年で見ると、日本の上場企業の業績、収益性は改善傾向にあります。ひとつの要因は、競争市場に加えて、資本市場からの規律が強くなり、経営者が以前よりも自己資本利益率（ROE）を重視するようになったことがあるでしょう。

　残された第3の評価の場が労働市場です。「人手不足で大変だ」ということは、いよいよ労働市場が経営に対する規律として効いてきたことを意味しています。言い換えれば、労働市場で人がダブつき「とにかく雇ってください」という就職氷河期的状況は経営を弛緩させます。外的な規律がないと人間は必ず楽な方向へと流れていくものです。労働市場からくる規律の強化は経営の質的向上につながるはずです。

　「人手不足倒産」と言いますが、人手不足で潰れるような会社は、そもそも存在理由をすっかり喪失してしまっている会社が多いのではないでしょうか。ゾンビ企業が無理を重ねて生き残ってきたことのほうが問題です。まともな「働き方」を提供できない会社が退場を余儀なくされれば、人材は労働市場を通じてより社会にとって必要とされているセク

ターへと移動していきます。シリコンバレーほどではないにせよ、こうした新陳代謝が進んだほうが、社会としてはずっと健全です。

　せっかく人手不足という千載一遇のチャンスが到来したのです。ここで移民に安価な労働力を求めてしまえば、すべてがぶち壊しです。労働市場からの規律を緩め、従業員の低賃金に甘えた経営に回帰してしまいます。

　短期的に労働力を増やすという点で移民は特効薬です。ドイツではある時から移民政策を積極的に進めました。短期的には経済成長に貢献したでしょうが、ここにきていよいよ社会的なストレスが顕在化してきました。強力な特効薬には副作用があります。どんどん移民を受け入れると、現在の欧州連合（EU）諸国のように、日本もまた深刻なコンフリクトに直面するでしょう。

　しかも、です。人口減少や少子高齢化といったのっぴきならない現実は、新しい技術を応用したビジネスの促進要因になります。低賃金の移民への依存は、AI（人工知能）やロボット、デジタル技術の社会的利用を阻害する方向に働きます。

　エクサウィザーズ（東京・港）という日本のスタートアップ企業は、AIの力を使った介護サービスの開発に取り組んでいます。ユニファ（東京・千代田）というベンチャーはIoT（モノのインターネット）をはじめとするデジタル技術を応用して、保育園や幼稚園の労働負荷の大幅な低減を可能にするシステムを提供しています。

　こうした日本発のユニークなベンチャーが生まれている背景には、日本の介護や保育の現場の深刻な人手不足があります。テクノロジーにしてもビジネスにしても、つまるところは需要がなければ育ちません。新しいテクノロジーを支えるのは**「切実な需要」**です。大量の移民が安価な労働力として入ってきたら、新しいテクノロジーを応用したビジネスに対する需要は抑制され、チャンスの芽が摘まれてしまいます。移民の受け入れによる労働人口や消費人口の増大は、問題の先送りにしかなりません。

　石器時代が終わったのは石がなくなったからではありません。新しい

素材を新しい方法で加工する技術が開発され、石器に代替する道具を人類が手にしたからです。遠近歪曲トラップは「昔は良かった。だから過去の状態を回復しなければならない」という思考を誘発します。新しい技術や手段の可能性から目をそらし、ひたすら石器作りに使う石をかき集めるようなものです。

ミクロとマクロは「混ぜるな危険」

　繰り返し強調してきたことですが、同時代性の罠が生まれるメカニズムは文脈剥離にあります。空間軸上での文脈剥離でいえば、「シリコンバレー礼賛」はその典型例です。シリコンバレーという1つの地域が立脚している文脈を十分に理解せず、そこに行けば何かいいものが手に入ると考えてしまいます。高度成長期の日本の置かれた文脈を無視して、当時の「人口ボーナス」だけに目を向けてしまう。これは時間軸での文脈剥離です。

　ここまではマクロレベルの話ですが、逆・タイムマシン経営論が一義的に問題にしているのは企業経営というミクロの問題です。議論の対象がミクロになると、遠近歪曲トラップはますます厄介な問題をはらんでいます。というのは、時空間を移動する際の文脈剥離に加えて、「マクロへのすり替え」──マクロ環境を個別企業の経営と混同し、問題や課題の所在があたかもマクロ要因にあるかのように思い込む──という錯誤がしばしば起こるからです。

　マクロの経済環境はミクロの経営に影響を与え、逆に個別企業の経営の集積でマクロ経済が形成されています。それはその通りなのですが、同じマクロ環境下でも企業や経営の在りようには大きなバリエーションがあります。ミクロとマクロは「混ぜるな危険」。経営の成否や優劣はあくまでもミクロ次元でとらえるべきです。

　12章で考察した「日本的経営」をめぐるドタバタはマクロへのすり替えの典型です。本来的にミクロの次元にある個別企業の競争力の優劣

や経営の巧拙が、無意識のうちに「日本企業」「日本的経営」というマクロ次元の問題にすり替わっています。1980年前後の「Japan as No.1」に代表される日本的経営礼賛論の全盛期でも、客観的に見れば全ての「日本企業」が同じように強かったわけではありません。日本の一部の企業が国際競争力を持ったというのが本当のところで、逆に現在のような「停滞した日本」にあっても、国際競争力を持ち高い収益性にますます磨きをかけている会社も少なくありません。

　厳密にいえば、「日本企業の競争力」という論点そのものが成立していません。競争力の正体は、実際に競争している主体を見なければ分かりません。「日本」とか「日本企業」というマクロの集合名詞ではザルの目が粗すぎます。個別の企業（もっと特定して言えば、それぞれの企業に含まれる「事業」）が競争の中で勝ったり負けたりしているわけで、ここを見なければ競争力の正体は分からないはずです。

　ゼネラル・エレクトリックのCEO（最高経営責任者）だったジャック・ウェルチは、日経ビジネスの記者に対して以下のように発言しています。

　図15-3　「日本は海外企業の取り込みが下手だという認識がありますが、必ずしもそうではないと思います。例えば、私はGE時代にファナックと合弁で欧州にGEファナックオートメーションを立ち上げました。その時、稲葉清右衛門ファナック社長は、極めてうまく合弁会社を運営していましたよ。ファナックはグローバル経営において成功していました」

　「日本にはいくらでも立派な経営者がいますよね。なぜ米国までやってきて私の話を聞いているのですか（笑）。日本の優れた経営者を紹介して読者を勇気づけるのがあなた方の仕事ですよ」

　「ほんの数人ですが、（リーマン・ショックでも）経営者が危機脱出を探り、その道筋を示すでしょう。ですから貴誌では手本となるような日本のリーダーをどんどん特集してください。ジャック・ウェルチはどうかって？　私は残念ながら引退の身ですよ」

図15-3

出所：日経ビジネス2009年1月5日号 編集長インタビュー ジャック・ウェルチ氏　米ゼネラル・エレクトリック前会長兼
CEO「試練越え世界は強固に」

　この発言にあるように、まともな経営者は企業経営を評価する際に、個別企業や個別の経営者というミクロの次元でものを言うものです。

「環境他責」による思考停止

　本来は個別企業の優劣の問題であるはずの競争力や経営の巧拙を、「日本」とか「時代」というマクロ環境のせいにしてしまう。企業経営についての評価や議論で「**マクロへのすり替え**」が頻発するのはなぜでしょうか。1つには、マクロ問題ほど同時代の人々が問題意識を共有しやすいということがあります。

　少子高齢化という企業経営が置かれた状況は、それがマクロ環境であるがゆえに、全員が影響を受けます。影響の程度に差こそあれ、無縁な企業はありません。これは「すっかり暑くなりましたね……」というよ

うな時候の話題があいさつの常套句となるのと似ています。時候は全員が等しく共有しているマクロ環境です。

マスメディアは文字通り「マス」を対象に情報を発信します。多くの人々が問題意識を共有できるマクロ環境に議論が傾くのは自然な成り行きです。個別企業の競争力の詳細をうんぬんしても、誰もが関心を持つ注目企業でもない限り、ほとんどの人にとって関係ない話になってしまいます。

個別企業の経営から有用な知見を得るためには、飛び道具トラップの考察で見たように、具体的事象をいったん抽象化してから、さらに自社の具体的な文脈に落とし込んで考えるという「具体→抽象→具体」の往復作業が必要になります。これはどうにも面倒です。業界や企業を超えて多くの人々が手っ取り早く共通の土俵に立てるマクロ環境へと関心や議論が流れる所以です。

もっとも強力な「マクロへのすり替え」の理由は、人々が**「他責思考」**に陥りやすいことにあります。問題の要因をとりあえずマクロ環境のせいにしておく。自社の経営や自分の仕事を直視せずに済む。気分安らかに思考停止できるというわけです。

例えば、背任罪で起訴された外国人経営者が国外逃亡するという事件がしばらく前にありました。この経営者が起訴事実の通り有罪かどうかは司法の判断を待たなくてはなりません。ただし、保釈中の国外逃亡はどう考えても「悪いこと」です。ところが、この一件をして「だから日本はダメなんだ」と結論づける人が少なくないのが面白いところです。

いわく、司法制度が前時代的だとか、国外逃亡を抑止するためのセキュリティー対策が甘いとか、こういう事件になったときの日本の国際世論の形成力が弱いとか、そういう論点を経由して被告の経営者を擁護する。それどころか、むしろ「よくやった！」と言わんばかりの肯定的な評価をする人々が散見されました。

日本の裁判所や検察にも制度的な問題があるでしょう。ただし、米国や欧州の刑事司法にも十分にエグイところがある。中国の刑事司法に比べれば、日本はまだマシな気がします。レバノンについてはよく知りま

せんが、くだんの経営者は司法制度が公正だからレバノンに逃げたのではありません。自分にとってレバノンが都合がいい国だからです。国家システムの問題ではなく、超ミクロな個人的利害です。

　これは一例に過ぎません。そもそもミクロな事象についての価値判断や評価をしているのに、マクロの問題にすり替え、「日本はダメだ」と言いたくて仕方がない人々がいます。環境他責は、あっさり言えば「鬱憤晴らし」の一表出形態です。どうもうまくいかない。何らかの不満や鬱屈がたまっている。もちろんその多くが自分の責任なのですが、それは元も子もない真実なので直視したくない。そして、責任をおっかぶせる犯人を探す。このときに一番都合がいいのが、「日本」というマクロシステムです。

　なぜかというと、生まれた国は選べないからです。経営者が「会社の経営が悪い」と結論してしまえば、「お前のせいだろ！」になってしまう。経営者ではないにしても、「上司が悪い」「会社が悪い」というミクロ環境他責であれば、「さっさと転職すれば……」で話はおしまいです。また自責に引き戻されてしまう。これが面白くない。「日本が悪い」としておけば、自責に戻ってくる心配はありません。

　「時代が悪い」という時間的な環境他責も相似形にあります。「高度成長期の元気な日本だったら良かったけれど、俺は就職氷河期世代だから……」などと、しきりに時代のせいにするのですが、いつの時代なら「良い」のでしょうか。高度成長期の日本は確かに元気な面もありましたが、今と比べればずい分野蛮な社会でした。学校でも職場でも人が怒鳴られたり殴られたりしていましたし、女性は社会で不当な扱いを受けていました。

　「人口減少の日本には希望が持てない」という人には、「高度成長期は人口増だったけれど、人口過密、住宅難、交通戦争に受験地獄、公害もひどくて光化学スモッグで目がシバシバしたよ」と突っ込みを入れたくなります。それでもさらに古い時代と比べれば、相当にマシなはずです。「戦国時代だったら、どう？　仕事で失敗したら比喩でなく腹を切らされるよ」とか「縄文時代だったらいいの？　竪穴式住居の冬はけっこう

寒いよ」──いくらでも突っ込み可能です。

　何かにつけて「マクロ環境他責」へと流れた揚げ句に思考停止に陥る。これが二流ビジネスパーソンの特徴です。すべてが都合良くお膳立てされているような状況はあり得ません。いつの時代であっても、どこにいても、企業と経営を取り巻く環境には機会と脅威が混在しています。一流のビジネスパーソンは直面している状況を凝視し、自社の現実を直視するものです。

　まずはコントロールできることとできないことを区別することが大切です。マクロ環境は自分の力でコントロールできません。それでも自分の意思で動かせることはいくらでもあるはずです。

　新型コロナ騒動下でアイリスオーヤマの大山健太郎会長と対話をする機会がありました。大山会長は「ピンチがチャンス」と言っています。脅威の裏にある機会を捉え、それをテコに未来を切り開く。腰の据わった一流の経営者はこうした構えをとるものです。

　　　当社の場合「ピンチはチャンス」ではなく「ピンチがチャンス」と言っています。1990年代の土地バブルのときには価格破壊の状況から抜け出すために、需要を創造してオンリーワン商品をつくろうと決めました。97年の金融危機のときには、それを活用して海外に出ようと決めました。あるいは東日本大震災のときは、東北の復興のためにお米をつくろう、などいろんなことを決めました。このように、危機のときに素早くチェンジと実行ができる組織をどうつくっていくのかがポイントです。このことを常に考えながら、組織運営をしています。

（アイリスオーヤマ大山会長×楠木教授、「ピンチがチャンス」の真髄）

「プロフェッショナルマネジャー」の真骨頂

　決して遠近歪曲トラップに陥らなかった名経営者に、かつての米国の

巨大コングロマリット企業ITTを長年にわたって率いたハロルド・ジェニーンがいます。彼が遺した名著『プロフェッショナルマネジャー』（プレジデント社）は、冷徹に自社と自らの経営を直視するとはどういうことかを今に伝えています。地に足がつきまくったリアリストの思考と行動は遠近歪曲トラップを回避するための格好のモデルを示しています。

　特にしびれるのはジェニーンの「日本的経営ブーム」に対する冷静な反応です。彼が現役だった当時、米国は日本的経営ブームの真っただ中でした。チームワークと「和」の精神、所属する企業への従業員のコミットメントと一体感、朝礼での社歌の合唱、春には職場全員でのお花見、秋には家族も一緒に運動会——。米国から見た日本企業の「不思議な特徴」は、いつの間にか「日本的経営」として注目されることとなりました。家族主義的な経営、終身雇用、労使協調などを通じて、従業員に国や家族に対するのと同様の忠誠心を会社に対して持たせる。こうした精神的インフラがあるから、みんなせっせと働き、不断の品質改善が進むのではないか——。

　米国に典型的なマネジメントは「日本的経営」の対極にあると見られていました。短期雇用が基本で、職業の専門化が進み、個人的な利害が優先し会社への忠誠心が犠牲になっている。こんな調子では日本にやられて米国は衰退する——。米国ではこうした悲観論がまことしやかに論じられていました。

　こうした当時の論調に対するジェニーンの見解は実にスカッとしています。要約すると以下のようなものです。

　「思いやりのあるバラ色の日本の職場と、寒々としてストレスに満ちた米国の職場」という対比は単純すぎる。仮にその通りだったとしても、米国には個人の自由と機会の平等の伝統がある。これを温情主義や謙譲、無私といった日本に固有の価値と本当に交換したいと思う米国人がどれだけいるだろうか。

　確かに日本には優れた点が多々ある。だから日本は産業の発展と繁栄

を成し遂げた。しかし、日本人の価値観は何世紀にもわたって培われた文化的文脈の中で、他にはありようのない発展の仕方で形成されたものだ。米国の価値観もまたしかり。自己の能力に応じて学び、成長し、稼ぐ自由こそが米国を支えてきた価値観であり、それのどこがいけないのか。

　米国人の言う「日本的経営」というのは、米国から日本へ視察に行った人たちが、グループ討論や社歌の合唱、工場で働く労働者の笑顔といった表層を見て、「これこそ日本的経営の秘密だ！」などと興奮しているだけなのではないか。実務の意思決定の部分では、日本も米国も同じ企業経営、さして違わないだろう。品質管理、生産計画、市場調査、財務管理といった部分で、日米の実務家がやることはほとんど変わらないはずだ――。

　冷めた目でニュートラルなものの見方をする人だということがよく分かります。同時代の空気に惑わされることなく本質を凝視せよ、というメッセージが伝わってきます。

　何かというと「求む！　社内起業家」とか「大企業にも起業家精神を！」とかいった言葉を口にする経営者がいますが、ジェニーンは「ITTのような大企業の経営には起業家精神は必要ない」と断言しています。大きなリスクを取って一発当てる仕事と、莫大な資産を委託されて大企業を動かしていく仕事とは、その性格や求められる資質、能力が根本的に異なります。起業家精神は大企業経営の哲学とは根本において相反している、というのがジェニーンの考えです。

　現実に経営者が直面する問題は、単に複雑なだけではありません。それぞれの会社の文脈に大きく影響を受けるものであり、しかも前例のない一回性のものです。観察対象の文脈全体をつかみ、自社の置かれた状況との差異を考慮に入れた上で、自社の文脈に位置づけて考えなくてはならない。こうした姿勢がジェニーンの思考の基盤にあります。

「日本企業」は存在しない

　かつて海外でも注目された「日本的経営」には、言うまでもなく良いところも悪いところもありました。今日でも、日本の企業の経営には良いところも悪いところもあります。ただし、それ以前に、日本の中にもさまざまな企業があります。一口に「日本企業」といっても、個別に見ていけば経営の中身は千差万別です。

　21世紀に入り、最初は相対的に安価な労働力を武器にした「世界の工場」として、この10年は旺盛な内需の追い風を受けて、中国の企業はプレゼンスを高めました。それでも、「中国的経営に学べ」という議論はそれほど聞きません。

　韓国人の経営学者で、今はシンガポール国立大学で教えている知人は、「『サムソン式経営に学べ』という話はあるにしても、『韓国的経営』という言葉は韓国でもあまり使われないし、シンガポールでも『シンガポール的経営』という言葉を聞いたことはない。『日本的経営は是か非か』とか『日本企業のものづくりは大丈夫か』とか、日本という国を単位に経営の問題がこれほど活発に議論されている国は日本だけではないか」と不思議がっていました。

　日本の企業に共通のマクロ環境の追い風が吹くことはあります。例えば、終戦直後から1971年までの特殊な為替設定です。ニクソンショックで円高路線が確実になり、製造業は方針転換を迫られます。結果として、1970年代後半に「日本的経営は揺らぐ」という同時代の空気が生まれたことは既に見た通りです。

　円安や円高はそもそもマクロレベルの経済現象ですから、「日本」という主語でその影響や有利不利を論じることに痛痒はありません。ラグビーのワールドカップであれば、「頑張れ、ニッポン！」という言葉には論理的な離齬はありません。ワールドカップは国別対抗戦で、出場するのは「日本代表チーム」だからです。

　しかし、**「日本企業」はフィクション**です。現実にはどこにも存在しません。企業経営というミクロの次元では、1つとして同じ経営はあり

ません。極端な例でいえば、日本製鉄とメルカリはどちらも「日本企業」ですが、両者の経営に共通点はほとんどないでしょう。

　著者の楠木が所属している一橋ビジネススクール国際企業戦略専攻（ICS）は、優れた戦略で高い業績を実現している企業や事業を表彰する「ポーター賞」を2001年から運営しています。代表的な受賞企業を見ると、マブチモーター、シマノ、日本電産、良品計画、カイハラ、東海バネ、ファーストリテイリング、プラン・ドゥー・シー、コマツ、リクルート、星野リゾート、YKK、ピジョン、カカクコム、オープンハウス、丸井グループ、カチタス、トラスコ中山、モノタロウ、エレコム、ワークマンといった名前が並んでいます。それぞれに独自性を研ぎ澄ませた戦略で業界の平均を大きく上回る収益性を維持しています。

　こうした21世紀の日本の優れた企業の経営は、昭和時代にモデル化された「日本的経営」とは大きく異なっています。そして、さらに重要なこととして、こうした企業は同じ日本の会社ではあっても、**それぞれに異なった経営で成果を出している**のです。

　もちろんこのことは外国にも当てはまります。GAFAやマイクロソフト、ネットフリックス、テスラといった成長企業、シェブロンやデュポン、3M、GEといった老舗、ナイキやマクドナルド、スターバックス、ウォルト・ディズニーなどのコンシューマーブランド、日本ではこのような超有名企業をイメージして「アメリカ企業」「アメリカ的経営」が語られます。しかし、こうした企業は米国の会社のごく一部にすぎません。

　日本の『会社四季報』と同じ体裁で全米の上場企業を一覧できる『米国会社四季報』という本が出ています。この本はおすすめです。ざっと眺めてみるだけで、「アメリカ企業」のリアリティーが概観できます。

　見開き2ページで4社が掲載されているのですが、試みにあるページを開いてみると、そこに出ているのは「ドーバー」「フローサーブ」「ザイレム」「スナップオン」。その業界で仕事をしている人は別にして、ほとんどの人は社名も聞いたことがないのではないでしょうか。ドーバーは工業製品・設備メーカー、フローサーブは流体制御機器メーカー、ザ

イレムはハロルド・ジェニーンが経営していたITTから分離独立した
浄水システムメーカー、スナップオンは業務用工具メーカーで、いずれ
も数千億円規模の売り上げの大企業です。各社ともなかなかの高収益企
業です。知らない企業ばかりなので推測ですが、それぞれに優れた経営
をしていることでしょう。そしてその経営スタイルは**GAFAやテスラの
それとは大きく異なる**はずです。

「アメリカ的経営」というのもまた幻想です。米国でも日本でもどこ
の国でも、多種多様な企業の集積で一国の経済が成り立っていることに
は変わりがありません。

「日本企業」という主語との決別

「ダイバーシティが大切だ」と言いながら、企業の多様性を無視し、
存在すらしない「日本企業」を主語にして企業や経営を論じる。いかに
も矛盾しています。なぜメディアや人々は相変わらず「日本企業の競争
力」「日本的経営の崩壊」といった頓珍漢な議論をするのでしょうか。
私見では、その1つの理由は、この日本という国がいまだに（無意識の
うちに）高度成長期の幻影を引きずっていることにあります。確かに日
本の戦後復興と世界第2位の経済大国への高度成長は世界史的にいって
も奇跡的な出来事でした。それだけ成功体験が強烈だったのかもしれま
せん。

国や地域にある条件がそろうと、高度成長が訪れます。ずっと昔のイ
ギリスがそうでしたし、次がアメリカ、戦後になって日本が高度成長を
経験しました。その後、韓国が「漢江の奇跡」と言われる高度成長を遂
げ、今世紀に入ってからは中国が台頭しました。

一国の高度成長期は人の一生でいえば青春期のようなものです。いつ
までも続きません。いつかは必ず大人になり、やがては成熟します。中
国も例外ではありません。この20年の高度成長期もいよいよ終盤に近
づいてきました。次はインドやミャンマー、ベトナムかもしれません。

いずれにせよ、順繰りです。

　船に例えれば、高度成長期の主役は巨大帆船です。太く高いマストに大きな帆をかければ、強力な追い風を受けてグイグイと前に進んで行きます。「大きいことは良いことだ」が高度成長期のパラダイムとなります。船の推進力はひとえに帆の面積とそれを支える船体の大きさにかかっているからです。

　ただし、帆船は皆同じ方向に向かいます。目指す方向や戦略にさほどのバリエーションはありません。高度成長期には、本来は個別特殊的な企業経営であっても、そこに一定の共通したパターンが見い出せました。昭和の高度成長期であれば、「日本企業」という大きなくくりで、そこに共通した「日本的経営」を論じる意味はあったかもしれません。

　成熟期に主役となる企業は高度成長期のような巨大帆船タイプではありません。高性能のクルーザーです。船体はそれほど大きくありませんが、追い風に頼らなくても進んでいける強力なエンジンを積んでいます。帆船との最大の違いは、キャプテンである経営者が自ら進む方向を決めるということです。その結果、それぞれが各自の意思で違った方向に進んで行きます。

　成熟は多様性をもたらします。高度成長期が終わって久しい日本において、「日本企業」という大雑把な集合名詞はもはや意味を喪失しています。「日本的経営」としてモデル化できるような共通のパターンもありません。いい加減この辺で「日本企業」を主語にした思考と決別すべきではないでしょうか。

　それは遠近歪曲トラップを回避するシンプルで効果的な方法でもあります。経営の質や競争力の優劣はどこまでいっても個別企業の問題です。「日本企業」という主語はマクロへのすり替えを誘発します。環境や時代背景とすり替えることなく、対象となっている企業の実態と経営の中身をよく見ることが大切です。

　ただし、本書を通じて繰り返し強調してきたように、その企業の置かれた文脈にも目配りが必要です。文脈剥離を起こしては元も子もありません。他社の事例を抽象化し、自社の文脈に取り込める論理を抽出する

ことにカギがあります。逆・タイムマシン経営論が有用だとわれわれが
信じるのは、近過去の歴史を振り返るという作業、ものごとの本質とと
もにそれをとりまく文脈の総体を理解する方法としてもっとも有効だか
らです。

おわりに

　日々われわれが情報源として触れている新聞や雑誌やウェブサイトは「ファストメディア」です。人々は瞬間的に目に入った記事をざっと見て、すぐに次の記事へと目を移します。最新の情報や断片的な知識であればいくらでも手に入ります。しかし、そこには肝心の論理はありません。「いつ」「だれが」「どこで」「何を」「どのように」は知ることができても、なかなか「なぜ」に注意関心が向かないのです。

　次から次へと記事を流し読みするだけでは、論理をつかみ取れません。情報のデジタル化はそのままメディアの「ファスト化」でもあります。皮肉なことに、情報を入手するコストが低下し、そのスピードが増すほど、本質的な論理の獲得は難しくなります。即効性を競うファストメディアとは一線を画し、読み手に完全な集中を求める「**スローメディア**」と向き合う必要があります。

　スローメディアの主役は本です。著者の独自の視点で事象をつかみ、その切り口の上に本質的な考察と洞察を展開する良書を読む。昔も今もこれからも、読書が知的鍛錬の王道であることは間違いありません。

　逆・タイムマシン経営論が「新聞雑誌は寝かせて読め」を標榜するのは、新聞や雑誌の記事が、一定の期間を置いてみると、良書に勝るとも劣らぬスローメディアへと変質するからです。しばらく放置しておくだけで、かつてのファストメディアが上質のスローメディアへと熟成されるわけで、こんなに旨い話は滅多にありません。

　古い記事を読み返してみると、そこには実に不思議なことが書いてあります。今となっては頓珍漢としか言いようがない主張が真剣に論じられています。なぜそのようなことが起きたのか。その出来事に対して、なぜ当時の人々はそのように反応し、考え、行動したのか。記事の背後にある論理へと自然と目が向きます。

　しかも、そうした論理を考えることは、何よりも知的に面白いことで

す。それ自体が面白くなければ、知的トレーニングは続きません。著者たちが10年、20年と寝かせた過去の新聞や雑誌の読み込みを日常の基本動作としているのも、それが理屈抜きに「面白い」からです。情報ではなく論理を読み取り、論理を愉しむ。そこに逆・タイムマシン経営論の醍醐味があります。

　歴史はそれ自体「ファクトフル」なものです。しかも、記事や情報のアーカイブは山のように蓄積されています。幸いにして、アーカイブへのアクセスも容易になりました。私たちはかつてないほど「**パストフルな時代**」に生きています。今や逆・タイムマシンは誰もが使える知的鍛錬の乗り物です。近年の情報技術の発達のおかげで、逆・タイムマシンの性能はかつてないほど強力になっています。われわれが逆・タイムマシン経営論を提唱する所以です。

　最後までお読みくださいましてありがとうございました。近過去の歴史から本質的な論理を見極め、センスに磨きをかけ、大局観を体得する。本書がきっかけとなって、皆さまがそれぞれに近過去への知的旅行を楽しんでいただければ、著者としてそれに勝る喜びはありません。

　どうぞ良い旅を――。

楠木 建　くすのき・けん

一橋ビジネススクール特任教授

1964年生まれ。89年一橋大学大学院商学研究科修士課程修了。一橋大学商学部助教授および同イノベーション研究センター助教授などを経て、2010年から一橋ビジネススクール教授。23年から現職。専攻は競争戦略。主な著書に『ストーリーとしての競争戦略』（東洋経済新報社）。

杉浦 泰　すぎうら・ゆたか

社史研究家

1990年生まれ、神戸大学大学院経営学研究科を修了後、みさき投資を経て、ウェブエンジニアとして勤務。そのかたわら、2011年から社史研究を開始。個人でウェブサイト「The社史」を運営している。

逆・タイムマシン経営論
近過去の歴史に学ぶ経営知

2020年10月12日　第一版第一刷発行
2024年5月22日　第一版第四刷発行

著　者	楠木 建　杉浦 泰
発行者	松井 健
発　行	日経BP
発　売	日経BPマーケティング
	〒105-8308　東京都港区虎ノ門4-3-12
	https://business.nikkei.com
編　集	大竹 剛　藤田 宏之　山崎 良兵
校　正	円水社
装丁・レイアウト	中川 英祐(トリプルライン)
DTP	中澤 愛子(トリプルライン)
印刷・製本	大日本印刷株式会社